裁判规范适用指引丛书

李 超◎编

各地法院裁判指导意见精粹

房屋买卖纠纷

HOUSING PURCHASE AND SALE CONTRACT

中国法制出版社
CHINA LEGAL PUBLISHING HOUSE

出版说明

“裁判规范适用指引丛书”是根据司法实务工作的实际需要，为法官、律师、公司法务等实务工作人员量身打造的法律实用工具书，旨在使读者针对司法实践中出现的疑难问题快速了解当前的司法政策，从而及时找到解决问题的路径。本次首批推出的是《各地法院裁判指导意见精粹·房屋买卖》分册。

本丛书具有如下特点：

（1）内容紧贴实务。本丛书以收入各地法院有关的指导性意见、审判为会议纪要、裁判指南等司法政策文件为主要特色，这些文件虽然不具有强制适用的效力，但却是各地法院对审判实践经验的总结，体现了裁判者的智慧，对于统一裁判尺度，更好地解决实务疑难问题发挥着不可替代的作用。

（2）分类科学合理。本丛书计划按案由出版各分册，以关键词作为检索实务问题的依据，并创新性地按照相关案件审理的典型问题分类，每个问题下分列“核心规范”和“裁判意见”，核心规范主要是法律及最高人民法院司法解释的规定，裁判意见主要是全国各地法院有关的指导性意见、审判为会议纪要、裁判指南等司法政策文件的规定，使读者可以准确快速地了解相关案件审理的司法政策。

（3）权威专家编写。本丛书皆有相关法律专家或经验丰富的司法实务人员编写，熟知司法适用中的热点难点问题。

本丛书各分册的不断丰富和完善，有赖于读者的支持，我们恳请读者提出宝贵的意见和建议，并不吝批评指正。

编者

2019 年 12 月

目录

一、预约合同

核心规范

最高人民法院关于审理买卖合同纠纷案件适用法律问题的解释[①]

第二条　当事人签订认购书、订购书、预订书、意向书、备忘录等预约合同，约定在将来一定期限内订立买卖合同，一方不履行订立买卖合同的义务，对方请求其承担预约合同违约责任或者要求解除预约合同并主张损害赔偿的，人民法院应予支持。

最高人民法院关于审理商品房买卖合同纠纷案件适用法律若干问题的解释

第四条　出卖人通过认购、订购、预订等方式向买受人收受定金作为订立商品房买卖合同担保的，如果因当事人一方原因未能订立商品房买卖合同，应当按照法律关于定

① 编者注：本书收录法律、司法解释等规范均为节录，下不再注明。

金的规定处理；因不可归责于当事人双方的事由，导致商品房买卖合同未能订立的，出卖人应当将定金返还买受人。

第五条　商品房的认购、订购、预订等协议具备《商品房销售管理办法》第十六条规定的商品房买卖合同的主要内容，并且出卖人已经按照约定收受购房款的，该协议应当认定为商品房买卖合同。

裁判意见

北京市高级人民法院关于审理房屋买卖合同纠纷案件若干疑难问题的会议纪要（2014 年 12 月 16 日）

二、预约合同的效力和履行

当事人以出卖人在签订预购书、购房意向书等预约协议时未取得商品房预售许可证明为由，要求确认预约协议无效的，不予支持，但预约协议被认定为商品房预售合同的除外。

预约协议订立后，当事人一方无正当理由拒绝签订房屋买卖合同，守约方起诉要求法院强制违约方订立买卖合同的，一般不予支持。

北京市高级人民法院关于审理房屋买卖合同纠纷案件适用法律若干问题的指导意见（试行）（2010 年 12 月 22 日）

第二条　当事人签订的预购书、购房意向书等协议已经具备了拟购房屋的基本状况、价款数额、价款支付方式等合同主要内容的，可以认定为房屋买卖合同，但当事人另有约定的除外。

因可归责于当事人一方的原因致使房屋买卖合同未能订立，预约协议约定有定金条款的，应当适用定金罚则；没有约定定金条款，或者定金处罚数额不足以弥补守约方实际损失的，违约方应当赔偿守约方因此所受到的信赖利益损失。守约方要求赔偿合同履行的可得利益损失的，一般不予支持。

天津市高级人民法院关于审理房屋买卖合同纠纷案件若干问题的审判委员会纪要（2018 年 11 月 26 日）

一、商品房的预售与买卖相关问题

（一）预约合同的处理问题

出卖人通过认购、订购、预订等方式收受买受人定金作为订立商品房买卖合同担保的，如果具备预约的要件，应当认定为预约合同。出卖人拒绝签订商品房买卖合同，买受人请求继续履行合同签订本约的，人民法院不予支持。

如因出卖人的原因未能订立商品房买卖合同，买受人请求双倍返还定金的，人民法院应予支持。定金不足以弥补因出卖人违约造成的损失，买受人请求赔偿超过定金部分的损失，人民法院可以并处，但定金和损失赔偿的数额总和不应高于因违约造成的损失。

当事人通过认购书、订购书、购房意向书等协议约定在将来一定期限内签订商品房买卖合同，但上述协议已经具备商品房买卖合同的主要条款，且出卖人已经收受部分购房款的（购房款数额的确定应参考当事人之间的约定、首付款比例、交易习惯等因素），应当认定该协议为商品房买卖合同。

重庆市高级人民法院关于当前民事审判若干法律问题的指导意见（2007年11月22日）

35. 预约合同的处理。出卖人通过认购、订购、预订等方式向买受人收受定金作为订立商品房买卖合同担保的，如果具备预约的要件，应当认定为预约合同。应当区分预约合同与本约合同。出卖人拒绝签订商品房买卖合同，买受人请求继续履行合同签订本约的，法院不宜直接判决当事人履行签订合同的义务。如因出卖人的原因未能订立商品买卖合同，对方请求双倍返还定金的，一般应予支持；如未能签订本约的原因系出卖人故意违约，且给买受人造成损失的，买受人还可要求出卖人赔偿损失。

山东省高级人民法院关于印发全省民事审判工作会议纪要的通知（2011年12月2日）

二、关于房地产纠纷案件

（七）未取得商品房预售许可证明的商品房认购书的效力问题

依据城市房地产管理法和最高人民法院相关司法解释的

规定，出卖人预售商品房必须取得商品房预售许可证明，未取得预售许可证明的商品房买卖合同应依法认定为无效。商品房认购书是一种预约合同，是双方当事人为将来签订作为本约合同的商品房买卖合同所作出的一种承诺，并非正式的商品房预售行为。由于商品房认购书并非商品房买卖合同，故出卖人未取得商品房预售许可证明，不影响商品房认购书的法律效力。但依据最高人民法院《关于审理商品房买卖合同纠纷案件适用法律若干问题的解释》第5条的规定，如商品房认购书已经具备了商品房买卖合同的实质性内容，此种情形下，商品房认购书不应当认定为预约合同，而是商品房买卖合同，出卖人未取得预售许可证明的，该商品房认购书应依法认定无效。

广东省高级人民法院关于审理房屋买卖合同纠纷案件的指引（2017年9月12日）

一、当事人通过缴纳诚意金、签订意向书等方式，仅表达房屋买卖意向，未约定在将来一定期限内签订买卖合同，一方以对方不签订买卖合同为由主张对方承担违约责任的，不予支持。

二、认购书、订购书、购房意向书等协议虽然约定在将来一定期限内签订房屋买卖合同，但协议已经具备房屋买卖合同主要条款，且当事人依据协议负有支付房屋价款或者交付房屋义务的，该协议应当认定为房屋买卖合同。

三、就预售商品房签订的认购书、订购书等预约合同，出卖人未取得商品房预售许可证明的，不影响预约合同的效力。

四、当事人签订预约合同时已经知道将来拟签订的房屋买卖合同主要条款，拒绝签约的一方以双方不能就该主要条款达成合意为由抗辩不承担违约责任的，不予支持。

五、当事人一方无正当理由不履行预约合同约定的签约义务，守约方请求人民法院判决强制签订房屋买卖合同的，不予支持。预约合同约定的定金等违约责任明显不足以弥补守约方的信赖利益损失，守约方请求增加赔偿的，可予支持。

杭州市中级人民法院民一庭关于审理建设工程及房屋相关纠纷案件若干实务问题的解答（2010年11月1日）

第二部分　房屋买卖

二、对经由房屋中介方居间达成的房屋买卖意向书的性质应如何界定？中介方是否属于必须参加诉讼的当事人？

答：此类房屋买卖意向书内容较为丰富，既具有中介方与买卖双方间的居间协议，同时也具有中介方作为买卖双方的代理人委托代理协议性质，同时还具有买卖双方为达成正式买卖合同而签订的预约性质。

如果是因未能签订正式房屋买卖合同所产生的此类意向书纠纷，因其争议标的还是围绕房屋买卖中的权利义务约定，所以该纠纷案由应定为房屋买卖合同纠纷，此时因为中介方是作为买卖双方的居间人，视案情需要，可将中介方列为第三人参与诉讼。

如果是因中介方与买或卖一方因中介居间行为产生争议，则应定性为居间合同纠纷，中介方应作为必须参加诉讼的当事人参与诉讼。

三、对于因买卖一方违反意向书约定，致使正式房屋买卖合同无法签订而产生的违约责任，应如何认定处理？

答：首先，根据本地区的房产交易实际情况及相关规定，房屋交易必需要签订相应的正式房屋转让合同方可实施。因此，上述意向书的内容约定即使完备，但也只能认定为正式房屋交易行为实施前的预约。

其次，因一方违约行为而无法达成本约，即签订正式的房屋买卖合同情形下，其违约责任也仅能是该预约合同项下的违约责任，交易双方的实际损失也应限定在为准备达成本约而支出的费用范围内。对于未达成本约所产生的预期利益损失，即房屋交易的价差，则一般情形下不属于赔偿范围。

第三，对于一方当事人主张继续履行该意向书约定，签订正式买卖合同的。一般情形下，应不予支持。对于因国家政策原因导致签订意向书时约定的交易条件发生变更，且双方也未能就变更协议内容达成一致意见的，一方当事人主张解除该意向书，应予以支持，并结合案件具体情形确定相应的违约责任。

第四、根据《合同法》第424条、第427条的规定，中介方作为居间人所要促成成立的应当是正式的房屋买卖合同，而非仅仅是意向书。在正式的房屋买卖合同没有成立的情况下，中介方仅能请求支付其从事居间活动支出的必要费用。

安徽省高级人民法院关于审理房屋买卖合同纠纷案件适用法律问题的指导意见（2012年3月5日）

一、关于新建商品房买卖合同纠纷

1. 当事人签订的认购书、购房意向书等协议虽然不具备《解释》第五条规定的条件，但已经明确了拟购商品房的位置、面积、价款且能够实际履行的，可以认定为商品房买卖合同。但当事人明确约定认购书、购房意向书等协议仅为预约合同的除外。

人民法院对认购书、购房意向书等协议性质作出的认定，不影响一方当事人根据协议中定金条款的约定，向可归责的另一方当事人主张适用定金罚则。

海南省高级人民法院关于办理商品房买卖合同纠纷案件的指导意见（试行）（2011 年审判委员会第 1 次会议讨论通过）

二、关于预约购房纠纷

7. 开发商尚未取得商品房预售许可证，即收取拟购房人认购金、订购金、诚意金等，事后双方不愿订立商品房买卖合同的，应当退还认购金、订购金、诚意金等，但当事人另有约定的除外。

8. 开发商已取得商品房预售许可证，或当时虽未取得但起诉前已取得商品房预售许可证，拟购房人仅向开发商交纳认购金、订购金、诚意金等，并未与开发商订立认购协议、预购协议及意向书等，事后要求与开发商订立商品房买卖合同的，不予支持。

开发商不愿与拟购房人签订商品房买卖合同，拟购房人要求退回认购金、订购金、诚意金的，应予支持；当事人另有约定的，从其约定。

9. 开发商收取了拟购房人的认购金、订购金、诚意金等且与拟购房人订立了认购协议、预购协议及意向书等的，分别情况予以处理：

（1）认购协议、预购协议及意向书等具备了《商品房销售管理办法》第十六条规定的商品房买卖合同的主要内容，且开发商所收取的认购金、订购金、诚意金等为认购协议、预购协议及意向书中所约定的购房款数额的，应当认定为正式的商品房买卖合同，拟购房人要求继续履行的，应予支持。

因开发商的原因致使合同不能继续履行的，拟购房人除可以请求解除合同外，还可要求开发商返还已付购房款及利息、赔偿损失，并可以请求出卖人承担不超过已付购房款一倍的赔偿责任。

（2）认购协议、预购协议及意向书等虽具备了《商品房销售管理办法》第十六条规定的商品房买卖合同的主要内容，但开发商仅收取了少量认购金、订购金、诚意金等，拟购房人要求继续履行，且继续履行不会出现障碍的，应当判决继续履行。

因开发商的原因致使合同不能继续履行的，应双倍返还所收取的认购金、订购金、诚意金等。

（3）拟购房人与开发商签订的认购协议、预购协议及意向书等有关于签订正式商品房买卖合同的时间约定，但经开发商通知，拟购房人未在约定时间内与开发商签订正式商品房买卖合同，事后要求与开发商签订正式商品房买卖合同的，不予支持。

开发商不与拟购房人签订正式商品房买卖合同，拟购房人要求开发商退还所收取的认购金、订购金、诚意金等的，应予支持，但双方另有约定的除外。

（4）认购协议、预购协议及意向书等不具备《商品房销售管理办法》第十六条规定的商品房买卖合同的主要内容，拟购房人要求继续履行的，不予支持。

拟购房人以认购协议、预购协议及意向书等为据，要求与开发商签订正式购房合同的，不予支持。

开发商不与拟购房人签订正式购房合同，拟购房人要求双倍返还认购金、订购金、诚意金等的，应予支持。

10. 拟购房人与开发商明确约定已支付的认购金、订购金、诚意金等为订立商品房买卖合同担保的定金，开发商拒绝与拟购房人订立商品房买卖合同的，应当双倍返还定金，拟购房人拒绝订立商品房买卖合同的，无权要求返还定金；因不可归责于当事人双方的事由，导致商品房买卖合同未能订立的，开发商应当将定金返还拟购房人。

上海市高级人民法院关于印发《关于民事案件审理的几点具体意见》的通知（2000 年 8 月 15 日）

20. 当事人在取得《商品房预售许可证》之前，以预订、预约、认购、定购等形式向承购人收取定金或房价款，人民法院应如何认定其效力？

我们认为，如果以以预订、预约、认购、定购等形式向承购人收取定金的，可以认定预订、预约、认购、定购等协议有效，一方违反协议，相对方要求按定金罚则处理的，人民法院应予支持；如果以预订、预约、认购、定购等形式向承购人收取房价款的，应当认定协议无效。理由是预订、预约、认购、定购等协议中约定的定金系“成约定金”，具有从合同性质，我国《担保法》对主合同不存在，先订立从合同这一做法并未禁止，因此，预订等协议有效，定金罚则对双方适用。如果以预订、预约、认购、定购等协议向承购人收取房价款，根据上海市实施《城市商品房屋预售管理办法》细则的规定则属变相预售，未取得《城市商品房预售许可证》而预售商品房的，预售行为无效。

江苏省高级人民法院民一庭房屋买卖合同纠纷案件疑难问题法律适用研讨会综述（2004 年 11 月）

一、商品房买卖合同纠纷案件疑难问题法律适用

1．关于预约不能转化为本约的责任承担

预约与本约，是合同法理论对合同的一种分类。预约的效力，旨在约束当事人订立本约，即商品房买卖合同。但是因可归责于一方当事人的原因，导致本约不能有效成立的，违约方应当向守约方承担什么样的责任？责任范围又如何？

对此问题，会议代表取得了一定的共识：第一，区分一项合同是预约还是本约，应当探求当事人的真意，方法上应当坚持合同的文义解释。除了根据《解释》第五条规定将预约认定为本约外，对于“名为预约实为本约”的情形应当严

格掌握。第二，如果预约中约定了定金罚则，因可归责于一方当事人的事由导致本约不能有效成立的，应当适用定金罚则；如果预约中没有约定定金罚则的，则违约方应当赔偿守约方所遭受的实际损失。

但在实际损失之外，是否应当赔偿履行本约产生的可得利益，存在观点上的分歧。一种意见认为，当事人违反预约合同导致没有订立商品房买卖合同的，只承担缔约过失责任。另一种意见认为，虽然预约的形式多样，但当事人的预期利益却不同。对于一份内容比较全面的预约合同，因为当事人（主要是买受人）对此已有许多预期的利益，因开发商的违约，致使其利益无法实现，这种情况如果仅适用定金罚则，对维护市场的诚信体制是不利的，因此还应当赔偿预期利益（可得利益），即在定金罚则或实际损失的范围之外，再参照房屋差价或违约方所获利润确定买受人的损失数额。

2. 关于“暂定价”纠纷的处理

实务当中，双方当事人往往在预约中约定了“暂定价”，而其后在订立本约时，出卖人往往又“提高”了房屋价款，买受人因不能接受而致使商品房买卖合同（本约）不能成立，此时，能否追究出卖人的违约责任？

与会代表在这个问题上的认识尚较一致，即出卖人于此情形下并不承担违约责任。大家认为，这个问题的实质在于，预约中的“暂定价”条款对双方当事人是否具有约束力。而该条款对双方当事人是否具有约束力，又涉及到对预约的性质与效力的理解与判断。预约既然是当事人约定将来订立一定契约（本约）的契约，那么其债务的内容即是将来要订立本约，房屋的价款及房屋的交付等内容应当留作将来订立本约时予以确定，该“暂定价”条款仅是作为双方当事人在订立本约时确定价格条款的一种参照。只要“预约”还是预约，则预约中的“暂定价”条款对当事人就不应当具有约束力，就不能要求当事人即应按照该条款实际付款交房。真正对当事人具有约束力的价格条款尚须当事人的另行商定，买受人因不能接受出卖人这一关于价格内容的意思表示导致本约不能成立的，自属契约订立过程中非常正常的事情——当事人虽心怀诚意积极地进行缔约活动，但并不能必然导致契约就能够有效地成立，这是交易中的常识，即便有预约的担保，也是如此。

另外一种观点与之殊途同归。这种观点认为，预约中的“暂定价”是相对于本约中的核定价而言的，对于“暂定价”，双方当事人都是可以调整的，合同的履行（付款交房）最终还是按核定价来计算。因此，出卖人违反“暂定价”条款，未能按之将房屋出售于买受人，并不对买受人承担违约责任。

与会代表还认为，为了规范房地产市场的交易秩序，保护买受人的合法权益，对于符合《解释》第五条规定的情形，即使名为“暂定价”，也不可单方变更。此外，对于预约合同中的价格用语，尚需具体问题具体分析，不可简单套用上述“暂定价”条款而一概而论。

江苏省高级人民法院关于审理房地产合同纠纷案件若干问题的解答（征求意见稿）（2017 年 8 月 15 日）

20. 如何认定商品房买卖合同本约？

当事人签订的预购书、购房意向书等协议已经具备《商品房销售管理办法》第十六条规定的当事人情况、商品房基本状况、商品房价款及付款情况、交付使用情况等合同主要内容的，买受人主张已构成商品房买卖合同本约的，人民法院应予支持，但当事人另有约定的除外。

二、商品房买卖（预售）合同的效力

核心规范

中华人民共和国民法总则

第一百四十三条　具备下列条件的民事法律行为有效：

（一）行为人具有相应的民事行为能力；

（二）意思表示真实；

（三）不违反法律、行政法规的强制性规定，不违背公序良俗。

第一百四十四条　无民事行为能力人实施的民事法律行为无效。

第一百四十五条　限制民事行为能力人实施的纯获利益的民事法律行为或者与其年龄、智力、精神健康状况相适应的民事法律行为有效；实施的其他民事法律行为经法定代理人同意或者追认后有效。

相对人可以催告法定代理人自收到通知之日起一个月内予以追认。法定代理人未作表示的，视为拒绝追认。民事法律行为被追认前，善意相对人有撤销的权利。撤销应当以通知的方式作出。

第一百四十六条　行为人与相对人以虚假的意思表示实施的民事法律行为无效。

以虚假的意思表示隐藏的民事法律行为的效力，依照有关法律规定处理。

第一百四十七条　基于重大误解实施的民事法律行为，行为人有权请求人民法院或者仲裁机构予以撤销。

第一百四十八条　一方以欺诈手段，使对方在违背真实意思的情况下实施的民事法律行为，受欺诈方有权请求人民法院或者仲裁机构予以撤销。

第一百四十九条　第三人实施欺诈行为，使一方在违背真实意思的情况下实施的民事法律行为，对方知道或者应当知道该欺诈行为的，受欺诈方有权请求人民法院或者仲裁机构予以撤销。

第一百五十条　一方或者第三人以胁迫手段，使对方在违背真实意思的情况下实施的民事法律行为，受胁迫方有权请求人民法院或者仲裁机构予以撤销。

第一百五十一条　一方利用对方处于危困状态、缺乏判断能力等情形，致使民事法律行为成立时显失公平的，受损害方有权请求人民法院或者仲裁机构予以撤销。

第一百五十二条　有下列情形之一的，撤销权消灭：

（一）当事人自知道或者应当知道撤销事由之日起一年内、重大误解的当事人自知道或者应当知道撤销事由之日起三个月内没有行使撤销权；

（二）当事人受胁迫，自胁迫行为终止之日起一年内没有行使撤销权；

（三）当事人知道撤销事由后明确表示或者以自己的行为表明放弃撤销权。

当事人自民事法律行为发生之日起五年内没有行使撤销权的，撤销权消灭。

第一百五十三条　违反法律、行政法规的强制性规定的民事法律行为无效，但是该强制性规定不导致该民事法律行为无效的除外。

违背公序良俗的民事法律行为无效。

第一百五十四条　行为人与相对人恶意串通，损害他人合法权益的民事法律行为无效。

第一百五十五条　无效的或者被撤销的民事法律行为自始没有法律约束力。

第一百五十六条　民事法律行为部分无效，不影响其他部分效力的，其他部分仍然有效。

第一百五十七条　民事法律行为无效、被撤销或者确定不发生效力后，行为人因该行为取得的财产，应当予以返还；不能返还或者没有必要返还的，应当折价补偿。有过错的一方应当赔偿对方由此所受到的损失；各方都有过错的，应当各自承担相应的责任。法律另有规定的，依照其规定。

中华人民共和国合同法

第四十四条　依法成立的合同，自成立时生效。

法律、行政法规规定应当办理批准、登记等手续生效的，依照其规定。

第四十五条　当事人对合同的效力可以约定附条件。附生效条件的合同，自条件成就时生效。附解除条件的合同，自条件成就时失效。

当事人为自己的利益不正当地阻止条件成就的，视为条件已成就；不正当地促成条件成就的，视为条件不成就。

第四十六条　当事人对合同的效力可以约定附期限。附生效期限的合同，自期限届至时生效。附终止期限的合同，自期限届满时失效。

第四十七条　限制民事行为能力人订立的合同，经法定代理人追认后，该合同有效，但纯获利益的合同或者与其年龄、智力、精神健康状况相适应而订立的合同，不必经法定代理人追认。

相对人可以催告法定代理人在一个月内予以追认。法定代理人未作表示的，视为拒绝追认。合同被追认之前，善意相对人有撤销的权利。撤销应当以通知的方式作出。

第四十八条　行为人没有代理权、超越代理权或者代理权终止后以被代理人名义订立的合同，未经被代理人追认，对被代理人不发生效力，由行为人承担责任。

相对人可以催告被代理人在一个月内予以追认。被代理人未作表示的，视为拒绝追认。合同被追认之前，善意相对人有撤销的权利。撤销应当以通知的方式作出。

第四十九条　行为人没有代理权、超越代理权或者代理权终止后以被代理人名义订立合同，相对人有理由相信行为人有代理权的，该代理行为有效。

第五十条　法人或者其他组织的法定代表人、负责人超越权限订立的合同，除相对人知道或者应当知道其超越权限的以外，该代表行为有效。

第五十一条　无处分权的人处分他人财产，经权利人追认或者无处分权的人订立合同后取得处分权的，该合同有效。

第五十二条　有下列情形之一的，合同无效：

（一）一方以欺诈、胁迫的手段订立合同，损害国家利益；

（二）恶意串通，损害国家、集体或者第三人利益；

（三）以合法形式掩盖非法目的；

（四）损害社会公共利益；

（五）违反法律、行政法规的强制性规定。

第五十三条　合同中的下列免责条款无效：

（一）造成对方人身伤害的；

（二）因故意或者重大过失造成对方财产损失的。

第五十四条　下列合同，当事人一方有权请求人民法院或者仲裁机构变更或者撤销：

（一）因重大误解订立的；

（二）在订立合同时显失公平的。

一方以欺诈、胁迫的手段或者乘人之危，使对方在违背真实意思的情况下订立的合同，受损害方有权请求人民法院或者仲裁机构变更或者撤销。

当事人请求变更的，人民法院或者仲裁机构不得撤销。

第五十五条　有下列情形之一的，撤销权消灭：

（一）具有撤销权的当事人自知道或者应当知道撤销事由之日起一年内没有行使撤销权；

（二）具有撤销权的当事人知道撤销事由后明确表示或者以自己的行为放弃撤销权。

第五十六条　无效的合同或者被撤销的合同自始没有法律约束力。合同部分无效，不影响其他部分效力的，其他部分仍然有效。

第五十七条　合同无效、被撤销或者终止的，不影响合同中独立存在的有关解决争议方法的条款的效力。

第五十八条　合同无效或者被撤销后，因该合同取得的财产，应当予以返还；不能返还或者没有必要返还的，应当折价补偿。有过错的一方应当赔偿对方因此所受到的损失，双方都有过错的，应当各自承担相应的责任。

第五十九条　当事人恶意串通，损害国家、集体或者第三人利益的，因此取得的财产收归国家所有或者返还集体、第三人。

……

第一百三十二条　出卖的标的物，应当属于出卖人所有或者出卖人有权处分。

法律、行政法规禁止或者限制转让的标的物，依照其规定。

中华人民共和国城市房地产管理法

第四十五条　商品房预售，应当符合下列条件：

（一）已交付全部土地使用权出让金，取得土地使用权证书；

（二）持有建设工程规划许可证；

（三）按提供预售的商品房计算，投入开发建设的资金达到工程建设总投资的百分之二十五以上，并已经确定施工进度和竣工交付日期；

（四）向县级以上人民政府房产管理部门办理预售登记，取得商品房预售许可证明。

商品房预售人应当按照国家有关规定将预售合同报县级以上人民政府房产管理部门和土地管理部门登记备案。

商品房预售所得款项，必须用于有关的工程建设。

第四十六条　商品房预售的，商品房预购人将购买的未竣工的预售商品房再行转让的问题，由国务院规定。

最高人民法院关于适用《中华人民共和国合同法》若干问题的解释（一）

第九条　依照合同法第四十四条第二款的规定，法律、行政法规规定合同应当办理批准手续，或者办理批准、登记等手续才生效，在一审法庭辩论终结前当事人仍未办理批准手续的，或者仍未办理批准、登记等手续的，人民法院应当认定该合同未生效；法律、行政法规规定合同应当办理登记手续，但未规定登记后生效的，当事人未办理登记手续不影响合同的效力，合同标的物所有权及其他物权不能转移。

合同法第七十七条第二款、第八十七条、第九十六条第二款所列合同变更、转让、解除等情形，依照前款规定处理。

第十条　当事人超越经营范围订立合同，人民法院不因此认定合同无效。但违反国家限制经营、特许经营以及法律、行政法规禁止经营规定的除外。

最高人民法院关于适用《中华人民共和国合同法》若干问题的解释（二）

第九条　提供格式条款的一方当事人违反合同法第三十九条第一款关于提示和说明义务的规定，导致对方没有注意免除或者限制其责任的条款，对方当事人申请撤销该格式条款的，人民法院应当支持。

第十条　提供格式条款的一方当事人违反合同法第三十九条第一款的规定，并具有合同法第四十条规定的情形之一的，人民法院应当认定该格式条款无效。

第十一条　根据合同法第四十七条、第四十八条的规定，追认的意思表示自到达相对人时生效，合同自订立时起生效。

第十二条　无权代理人以被代理人的名义订立合同，被代理人已经开始履行合同义务的，视为对合同的追认。

第十三条　被代理人依照合同法第四十九条的规定承担有效代理行为所产生的责任后，可以向无权代理人追偿因代理行为而遭受的损失。

第十四条　合同法第五十二条第（五）项规定的“强制性规定”，是指效力性强制性规定。

第十五条　出卖人就同一标的物订立多重买卖合同，合同均不具有合同法第五十二条规定的无效情形，买受人因不能按照合同约定取得标的物所有权，请求追究出卖人违约责任的，人民法院应予支持。

最高人民法院关于审理商品房买卖合同纠纷案件适用法律若干问题的解释

第二条　出卖人未取得商品房预售许可证明，与买受人订立的商品房预售合同，应当认定无效，但是在起诉前取得商品房预售许可证明的，可以认定有效。

第三条　商品房的销售广告和宣传资料为要约邀请，但是出卖人就商品房开发规划范围内的房屋及相关设施所作的说明和允诺具体确定，并对商品房买卖合同的订立以及房屋价格的确定有重大影响的，应当视为要约。该说明和允诺即使未载入商品房买卖合同，亦应当视为合同内容，当事人违反的，应当承担违约责任。

……

第六条　当事人以商品房预售合同未按照法律、行政法规规定办理登记备案手续为由，请求确认合同无效的，不予支持。

当事人约定以办理登记备案手续为商品房预售合同生效条件的，从其约定，但当事人一方已经履行主要义务，对方接受的除外。

……

第十条　买受人以出卖人与第三人恶意串通，另行订立商品房买卖合同并将房屋交付使用，导致其无法取得房屋为由，请求确认出卖人与第三人订立的商品房买卖合同无效的，应予支持。

……

第二十条　出卖人与包销人订立商品房包销合同，约定出卖人将其开发建设的房屋交由包销人以出卖人的名义销售的，包销期满未销售的房屋，由包销人按照合同约定的包销价格购买，但当事人另有约定的除外。

第二十一条　出卖人自行销售已经约定由包销人包销的房屋，包销人请求出卖人赔偿损失的，应予支持，但当事人另有约定的除外。

第二十二条　对于买受人因商品房买卖合同与出卖人发生的纠纷，人民法院应当通知包销人参加诉讼；出卖人、包销人和买受人对各自的权利义务有明确约定的，按照约定的内容确定各方的诉讼地位。

裁判意见

全国法院民商事审判工作会议纪要（2019年11月8日）

30.【强制性规定的识别】合同法施行后，针对一些人民法院动辄以违反法律、行政法规的强制性规定为由认定合同无效，不当扩大无效合同范围的情形，合同法司法解释（二）第14条将《合同法》第52条第5项规定的“强制性规定”明确限于“效力性强制性规定”。此后，《最高人民法院关于当前形势下审理民商事合同纠纷案件若干问题的指导意见》进一步提出了“管理性强制性规定”的概念，指出违反管理性强制性规定的，人民法院应当根据具体情形认定合同效力。随着这一概念的提出，审判实践中又出现了另一种倾向，有的人民法院认为凡是行政管理性质的强制性规定都属于“管理性强制性规定”，不影响合同效力。这种望文生义的认定方法，应予纠正。

人民法院在审理合同纠纷案件时，要依据《民法总则》第153条第1款和合同法司法解释（二）第14条的规定慎重判断“强制性规定”的性质，特别是要在考量强制性规定所保护的法益类型、违法行为的法律后果以及交易安全保护等因素的基础上认定其性质，并在裁判文书中充分说明理由。下列强制性规定，应当认定为“效力性强制性规定”：强制性规定涉及金融安全、市场秩序、国家宏观政策等公序良俗的；交易标的禁止买卖的，如禁止人体器官、毒品、枪支等买卖；违反特许经营规定的，如场外配资合同；交易方式严重违法的，如违反招投标等竞争性缔约方式订立的合同；交易场所违法的，如在批准的交易场所之外进行期货交易。关于经营范围、交易时间、交易数量等行政管理性质的强制性规定，一般应当认定为“管理性强制性规定”。

31.【违反规章的合同效力】违反规章一般情况下不影响合同效力，但该规章的内容涉及金融安全、市场秩序、国家宏观政策等公序良俗的，应当认定合同无效。人民法院在认定规章是否涉及公序良俗时，要在考察规范对象基础上，兼顾监管强度、交易安全保护以及社会影响等方面进行慎重考量，并在裁判文书中进行充分说理。

32.【合同不成立、无效或者被撤销的法律后果】《合同法》第58条就合同无效或者被撤销时的财产返还责任和损害赔偿责任作了规定，但未规定合同不成立的法律后果。考虑到合同不成立时也可能发生财产返还和损害赔偿责任问题，故应当参照适用该条的规定。

在确定合同不成立、无效或者被撤销后财产返还或者折价补偿范围时，要根据诚实信用原则的要求，在当事人之间合理分配，不能使不诚信的当事人因合同不成立、无效或者被撤销而获益。合同不成立、无效或者被撤销情况下，当事人所承担的缔约过失责任不应超过合同履行利益。比如，依据《最高人民法院关于审理建设工程施工合同纠纷案件适用法律问题的解释》第 2 条规定，建设工程施工合同无效，在建设工程经竣工验收合格情况下，可以参照合同约定支付工程款，但除非增加了合同约定之外新的工程项目，一般不应超出合同约定支付工程款。

33.【财产返还与折价补偿】合同不成立、无效或者被撤销后，在确定财产返还时，要充分考虑财产增值或者贬值的因素。双务合同不成立、无效或者被撤销后，双方因该合同取得财产的，应当相互返还。应予返还的股权、房屋等财产相对于合同约定价款出现增值或者贬值的，人民法院要综合考虑市场因素、受让人的经营或者添附等行为与财产增值或者贬值之间的关联性，在当事人之间合理分配或者分担，避免一方因合同不成立、无效或者被撤销而获益。在标的物已经灭失、转售他人或者其他无法返还的情况下，当事人主张返还原物的，人民法院不予支持，但其主张折价补偿的，人民法院依法予以支持。折价时，应当以当事人交易时约定的价款为基础，同时考虑当事人在标的物灭失或者转售时的获益情况综合确定补偿标准。标的物灭失时当事人获得的保险金或者其他赔偿金，转售时取得的对价，均属于当事人因标的物而获得的利益。对获益高于或者低于价款的部分，也应当在当事人之间合理分配或者分担。

34.【价款返还】双务合同不成立、无效或者被撤销时，标的物返还与价款返还互为对待给付，双方应当同时返还。关于应否支付利息问题，只要一方对标的物有使用情形的，一般应当支付使用费，该费用可与占有价款一方应当支付的资金占用费相互抵销，故在一方返还原物前，另一方仅须支付本金，而无须支付利息。

35.【损害赔偿】合同不成立、无效或者被撤销时，仅返还财产或者折价补偿不足以弥补损失，一方还可以向有过错的另一方请求损害赔偿。在确定损害赔偿范围时，既要根据当事人的过错程度合理确定责任，又要考虑在确定财产返还范围时已经考虑过的财产增值或者贬值因素，避免双重获利或者双重受损的现象发生。

36.【合同无效时的释明问题】在双务合同中，原告起诉请求确认合同有效并请求继续履行合同，被告主张合同无效的，或者原告起诉请求确认合同无效并返还财产，而被告主张合同有效的，都要防止机械适用“不告不理”原则，仅就当事人的诉讼请求进行审理，而应向原告释明变更或者增加诉讼请求，或者向被告释明提出同时履行抗辩，尽可能一次性解决纠纷。例如，基于合同有给付行为的原告请求确认合同无效，但并未提出返还原物或者折价补偿、赔偿损失等请求的，人民法院应当向其释明，告知其一并提出相应诉讼请求；原告请求确认合同无效并要求被告返还原物或者赔偿损失，被告基于合同也有给付行为的，人民法院同样应当向被告释明，告知其也可以提出返还请求；人民法院经审理认定合同无效的，除了要在判决书“本院认为”部分对同时返还作出认定外，还应当在判项中作出明确表述，避免因判令单方返还而出现不公平的结果。

第一审人民法院未予释明，第二审人民法院认为应当对合同不成立、无效或者被撤销的法律后果作出判决的，可以直接释明并改判。当然，如果返还财产或者赔偿损失的范围确实难以确定或者双方争议较大的，也可以告知当事人通过另行起诉等方式解决，并在裁判文书中予以明确。

当事人按照释明变更诉讼请求或者提出抗辩的，人民法院应当将其归纳为案件争议焦点，组织当事人充分举证、质证、辩论。

……

125.【案外人系商品房消费者】实践中，商品房消费者向房地产开发企业购买商品房，往往没有及时办理房地产过户手续。房地产开发企业因欠债而被强制执行，人民法院在对尚登记在房地产开发企业名下但已出卖给消费者的商品房采取执行措施时，商品房消费者往往会提出执行异议，以排除强制执行。对此，《最高人民法院关于人民法院办理执行异议和复议案件若干问题的规定》第 29 条规定，符合下列情形的，应当支持商品房消费者的诉讼请求：一是在人民法院查封之前已签订合法有效的书面买卖合同；二是所购商品房系用于居住且买受人名下无其他用于居住的房屋；三是已支付的价款超过合同约定总价款的百分之五十。人民法院在审理执行异议之诉案件时，可参照适用此条款。

问题是，对于其中“所购商品房系用于居住且买受人名下无其他用于居住的房屋”如何理解，审判实践中掌握的标准不一。“买受人名下无其他用于居住的房屋”，可以理解为在案涉房屋同一设区的市或者县级市范围内商品房消费者名下没有用于居住的房屋。商品房消费者名下虽然已有 1 套房屋，但购买的房屋在面积上仍然属于满足基本居住需要的，可以理解为符合该规定的精神。

对于其中“已支付的价款超过合同约定总价款的百分之五十”如何理解，审判实践中掌握的标准也不一致。如果商品房消费者支付的价款接近于百分之五十，且已按照合同约定将剩余价款支付给申请执行人或者按照人民法院的要求交付执行的，可以理解为符合该规定的精神。

126.【商品房消费者的权利与抵押权的关系】根据《最高人民法院关于建设工程价款优先受偿权问题的批复》第 1

条、第 2 条的规定，交付全部或者大部分款项的商品房消费者的权利优先于抵押权人的抵押权，故抵押权人申请执行登记在房地产开发企业名下但已销售给消费者的商品房，消费者提出执行异议的，人民法院依法予以支持。但应当特别注意的是，此情况是针对实践中存在的商品房预售不规范现象为保护消费者生存权而作出的例外规定，必须严格把握条件，避免扩大范围，以免动摇抵押权具有优先性的基本原则。因此，这里的商品房消费者应当仅限于符合本纪要第 125 条规定的商品房消费者。买受人不是本纪要第 125 条规定的商品房消费者，而是一般的房屋买卖合同的买受人，不适用上述处理规则。

127.【案外人系商品房消费者之外的一般买受人】金钱债权执行中，商品房消费者之外的一般买受人对登记在被执行人名下的不动产提出异议，请求排除执行的，《最高人民法院关于人民法院办理执行异议和复议案件若干问题的规定》第 28 条规定，符合下列情形的依法予以支持：一是在人民法院查封之前已签订合法有效的书面买卖合同；二是在人民法院查封之前已合法占有该不动产；三是已支付全部价款，或者已按照合同约定支付部分价款且将剩余价款按照人民法院的要求交付执行；四是非因买受人自身原因未办理过户登记。人民法院在审理执行异议之诉案件时，可参照适用此条款。

实践中，对于该规定的前3个条件，理解并无分歧。对于其中的第4个条件，理解不一致。一般而言，买受人只要有向房屋登记机构递交过户登记材料，或向出卖人提出了办理过户登记的请求等积极行为的，可以认为符合该条件。买受人无上述积极行为，其未办理过户登记有合理的客观理由的，亦可认定符合该条件。

北京市高级人民法院关于审理房屋买卖合同纠纷案件若干疑难问题的会议纪要（2014年12月16日）

一、符合房屋现售条件的商品房预售合同的效力

出卖人未取得商品房预售许可证明即签订预售合同转让房屋，在一审法庭辩论终结前房屋已经竣工验收合格的，可以认定为商品房现售，当事人以出卖人未取得商品房预售许可证明为由主张合同无效的，不予支持。

……

三、基于假按揭签订房屋买卖合同的效力

当事人为套取银行贷款虚构房屋买卖事实订立买卖合同，双方并无买卖房屋的真实意思表示，房屋买卖合同无效。当事人尚未还清银行贷款的，对于合同无效的法律后果可以参照《最高人民法院关于审理商品房买卖合同纠纷案件适用法律若干问题的解释》第25条的规定处理。

上海市高级人民法院关于审理房产纠纷案件若干疑难问题的讨论纪要（1993年10月27日）

22. 买卖预售房屋，应依法签订房屋预售合同，买方未按约交付预付款，应承担违约责任；卖方以双方未办理房屋所有权转移登记手续为由要求解除合同，不予支持。合同中明确房屋价款的，卖方以房价上涨而要求买方按新价给付房价一般不予支持；如果确因订立合同至交付房屋周期长，并且因建筑材料价格变化而导致建房成本增加，可以通过双方协商适当变更预售合同中的房价，协商不成时，法院可依据法律和具体情况予以判决。

23. 房屋买受方在出卖方实际交付房屋前，可以依法将预售房屋转卖给第三人，但不得利用转卖预售房屋合同而侵害国家利益和出卖方的合法权益。卖方交付房屋后，买方将房屋出卖于第三人的，应按房屋买卖的一般规定办理房屋买卖和所有权转移登记手续。

重庆市高级人民法院关于当前民事审判若干法律问题的指导意见（2007年11月22日）

34. 合同效力的认定

……

（2）房地产开发企业的经营资格对合同效力的影响。房地产经营资格是房地产开发企业开发经营能力和资信度的证明。审判实践中，不能过分强调保护投资者的利益而忽视国家对该领域的监督管理，对于当事人无房地产经营资格的，应确认合同无效。

（3）开发商未取得预售许可证所签订的商品房买卖合同的效力。开发商与买受人订立商品房预售合同，应当取得预售许可证明，否则预售合同无效。但在起诉前取得商品房预售许可证明的，可以认定预售合同有效。开发商虽在未取得预售许可证的情况下与买受人签订了预售合同，其后也未办理预售许可证，但在起诉前房屋已竣工验收的，可以认定预售合同有效。

安徽省高级人民法院关于审理房屋买卖合同纠纷案件适用法律问题的指导意见（2012 年 3 月 5 日）

一、关于新建商品房买卖合同纠纷

2. 当事人以期房不能转让为由请求确认转让合同无效的，一般不予支持；转让人在转让合同履行期限届满时仍未取得房屋所有权，致使受让人不能办理房屋所有权转移登记，受让人请求解除合同并要求转让人承担违约责任的，应予支持。

辽宁省沈阳市中级人民法院关于审理房地产案件若干问题的处理意见（之一）（2004 年 3 月 27 日）

10. 商品房预售合同的效力及解除问题

（1）商品房预售合同未办理登记备案手续的，不影响预售合同的效力。但双方当事人约定以办理登记备案手续为合同生效条件的，从其约定。

（2）不具备《城市房地产管理法》第四十四条规定的商品房预售条件的，一般应认定预售合同无效。开发商除返还购房款外，还应偿付同期的银行利息损失。但预售方在起诉前已经补交了土地使用权出让金，并办理了有关手续，具备了上述预售条件的，可以认定合同有效。

广东省高级人民法院关于审理房屋买卖合同纠纷案件的指引（2017 年 9 月 12 日）

六、出卖人未取得商品房预售许可证明与买受人签订商品房预售合同，但在一审法庭辩论终结前房屋竣工验收合格，当事人以出卖人未取得商品房预售许可证明为由主张合同无效的，不予支持。

……

十、转让划拨建设用地上的房屋，政府部门同意缴纳土地使用权出让金后可以办理所有权转移登记的，视为有批准权的人民政府同意转让。

十一、商品房买卖合同违反规划，约定将业主共有的绿地、空地、露台等赠与买受人或者由买受人专用，或者约定出卖人利用建筑物共有部分的，属于违反物权法第七十条、七十六条的规定，应当认定该约定无效。

十二、出卖人为套取贷款与他人签订虚假的房屋买卖合同，应当依照民法总则第一百四十六条第一款的规定，认定买卖合同无效。

金融机构知道或者应当知道房屋买卖合同虚假，仍然与买受人签订房屋担保贷款合同的，该贷款合同亦属虚假，应当认定无效。该贷款合同关系实际存在于金融机构与出卖人之间，合同效力依照民法总则第一百四十六条第二款的规定处理。

……

二十三、对《最高人民法院关于建设工程价款优先受偿问题的批复》规定的消费者，应当按照《最高人民法院关于人民法院办理执行异议和复议案件若干问题的规定》第二十九条第二项的规定认定，即所购商品房系用于居住且名下无其他居住房屋的购房人。

……

四十八、合同约定委托人在一定期限内不得另行委托他人，委托人依据合同法第四百一十条的规定主张任意解除权的，不予支持。

四十九、委托人违反商品房包销合同约定，将约定由包销人包销的商品房或者商品房项目转让给第三人，导致包销合同无法履行，包销人请求委托人赔偿损失的，应予支持。合同对损失赔偿没有约定的，可以参照包销价格与商品房市场价格的差价、包销人的实际投入等因素确定损失。

五十、包销人超出商品房包销合同的授权范围从事包销活动，致使委托人承担赔偿责任的，委托人可以向包销人追偿。

江苏省高级人民法院关于审理房地产合同纠纷案件若干问题的解答（征求意见稿）（2017年8月15日）

8．为骗取贷款而签订的商品房买卖合同的效力如何认定?

出卖人与名义买受人串通，虚构商品房买卖事实，订立商品房买卖合同，通过名义买受人向信贷机构办理抵押贷款的，出卖人与名义买受人之间签订的商品房买卖合同无效。

江苏省高级人民法院执行异议及执行异议之诉案件审理指南（二）（2019年2月26日）

二、案外人基于被执行人名下的不动产提起的执行异议之诉案件的处理

……

9.金钱债权执行中，执行法院对被执行人为房地产开发企业名下的商品房采取强制执行措施，商品房买受人（仅限自然人）以其系消费者为由提起案外人异议及由此引发执行

异议之诉，同时符合以下条件的，应予支持：

（1）案外人与被执行人在案涉房屋被查封之前已签订合法有效的书面买卖合同（含网签）且已办理商品房预售登记；

（2）案外人签订房屋买卖合同的相对方为房地产开发企业；

（3）案外人所购商品房系用于居住且其名下无其他用于居住的房屋；

（4）案外人已支付的价款超过合同约定的总价款的百分之五十。

案外人主张其名下无其他用于居住的房屋，同时具有下列情形的，应支持其该主张：

（1）案外人及其配偶、未成年子女名下在执行标的查封时至执行异议之诉案件判决作出时均无用于居住的房屋；

（2）案外人为未成年人的，其监护人名下无用于居住的房屋；

（3）上述两种情形仅限于案外人长期居住生活所在地或者被执行房屋所在地的（县）市或设区的市区范围内。

10.金钱债权执行中，被执行人为房地产开发企业，案外人作为被执行人开发的商品房买受人，其主张只要符合《异议复议规定》第二十八条或第二十九条规定任一条规定情形的，对其诉讼请求或抗辩主张应予以支持。

买受人的权利主张虽然不符合《异议复议规定》第二十八

条或第二十九条规定情形，但符合《查扣冻规定》第十七条规定情形的，对其诉讼请求或抗辩主张也应予以支持。

江苏省高级人民法院关于审理房地产合同纠纷案件若干问题的解答（征求意见稿）（2017 年 8 月 15 日）

22. 商品房买卖合同格式合同效力如何认定?

出卖人在订立商品房买卖合同中使用格式条款的，对合同中约定的商品房面积误差、层高误差、质量责任或其他加重买房人义务的条款，应与买房人充分协商，并以足以引起买房人注意的文字、字体、符号或者其他明显标志作出提示说明。出卖人未按要求提示说明的，应当作出对格式合同提供者不利的解释。

山东省高级人民法院关于印发《全省民事审判工作座谈会纪要》的通知（2005 年 11 月 23 日）

五、关于房地产纠纷案件的处理问题

正确、及时地审理好房地产案件，不仅关系到维护房地产市场秩序的问题，同时也关系到社会关系的稳定问题。会议根据法律法规和司法解释的规定，就当前我省审判房地产案件中存在的问题，进行了分析研究，提出了具体处理意见：

（一）关于合同效力的认定问题。合同效力的认定不仅关系着土地交易关系的稳定和当事人合法权益的保护，而且关系到房地产市场的有序发展。因此，在对合同效力的认定上，会议认为，要与最高人民法院有关房地产司法解释的指导思想保持一致，即不轻易确认合同无效。

1. 关于商品房预售合同登记备案的效力问题。根据最高人民法院法释 [2003]7 号司法解释的规定，人民法院认定商品房买卖合同的效力应审查出卖人是否取得商品房预售许可证明，这是考虑到我国房地产市场目前的实际情况而制定的，当事人在向人民法院起诉前取得商品房预售许可证明的，可视为其具备预售资格。对于商品房预售合同登记备案的问题，从我国现行的有关不动产登记的立法规定看，商品房预售合同的登记备案，属于房产管理部门和土地管理部门对合同的一种行政管理措施，不是确认合同效力的必要条件，当事人以商品房预售合同未办理登记备案手续为由，请求确认合同无效的，不予支持。

……

3. 关于房地产开发企业的经营资格对合同效力的影响问题。房地产经营资格是用来证明房地产开发企业开发经营能力和资信度的证明，审核和发放房地产企业的营业执照，是国家用来管理、控制和监督房地产业发展的重要手段。是否具备房地产开发经营的资格，是开发房地产的必要条件，也是房地产开发企业对外承担责任的基本条件。在审判实践中，不能因为过分强调投资者的利益而取消国家的监督管理，对于当事人无房地产经营资格的，应确认合同无效。

上海市高级人民法院关于印发《关于民事案件审理的几点具体意见》的通知（2000 年 8 月 15 日）

24. 房地产开发经营企业将所开发的房地产抵押后进行现售，未告知买受人的，应如何认定房地产买卖合同的效力？

我们认为，根据合同法第 54 条第 2 款之规定，房地产开发经营企业未将系争房地产已抵押他人的情况告知当事人而再行出售该房地产的，属欺诈行为，买受人有权请求人民法院变更或者撤销房地产买卖合同，买受人自知道或者应当知道撤销事由之日起一年内没有行使撤销权的，买卖合同有效。

25. 预售商品房在预售后交付前，被房地产开发经营企业另行抵押的，商品房预售合同是否有效？

我们认为，应当区分两种情况，如果预售商品房在预售后交付前被抵押，而在交付时能够清洁的，预售合同有效；交付时不能清洁的，预售有效，但买受人可以出售人履行合同不当为由追究出售人的违约责任，直至解除合同。

湖南省高级人民法院关于房屋买卖、租赁纠纷案件适用法律问题的指导意见（试行）（2008 年 1 月 4 日）

一、在审理商品房买卖合同纠纷案件中，对出卖人不具有房地产开发资质的，未取得土地使用权证、建设用地规划许可证的，出售房屋权属不明的，一般应认定合同无效。但在一审法庭辩论终结前完善了相关手续的，可认定合同有效。

二、以挂靠方式从事房地产开发的，一旦产生民事责任，挂靠人和被挂靠企业应承担连带责任。

……

六、根据最高人民法院《关于审理商品房买卖合同纠纷案件适用法律若干问题的解释》第二十五条第二款的规定，商品房买卖合同被确认无效或者被撤销、解除后，商品房担保贷款合同也被解除的，出卖人应当将收受的购房贷款和购房款的本金及利息分别返还担保权人和买受人。买受人以前述规定为由请求免除其贷款偿还责任的，不予支持。

七、出卖人与买受人恶意串通，为骗取借款签订虚假的商品房买卖合同，贷款银行请求撤销借款合同，由买受人和出卖人承担连带清偿责任的，应予支持。

三、“二手房”买卖合同的效力

核心规范

中华人民共和国民法总则

第一百四十三条　具备下列条件的民事法律行为有效：

（一）行为人具有相应的民事行为能力；

（二）意思表示真实；

（三）不违反法律、行政法规的强制性规定，不违背公序良俗。

第一百四十四条　无民事行为能力人实施的民事法律行为无效。

第一百四十五条　限制民事行为能力人实施的纯获利益的民事法律行为或者与其年龄、智力、精神健康状况相适应的民事法律行为有效；实施的其他民事法律行为经法定代理人同意或者追认后有效。

相对人可以催告法定代理人自收到通知之日起一个月内

予以追认。法定代理人未作表示的，视为拒绝追认。民事法律行为被追认前，善意相对人有撤销的权利。撤销应当以通知的方式作出。

第一百四十六条　行为人与相对人以虚假的意思表示实施的民事法律行为无效。

以虚假的意思表示隐藏的民事法律行为的效力，依照有关法律规定处理。

第一百四十七条　基于重大误解实施的民事法律行为，行为人有权请求人民法院或者仲裁机构予以撤销。

第一百四十八条　一方以欺诈手段，使对方在违背真实意思的情况下实施的民事法律行为，受欺诈方有权请求人民法院或者仲裁机构予以撤销。

第一百四十九条　第三人实施欺诈行为，使一方在违背真实意思的情况下实施的民事法律行为，对方知道或者应当知道该欺诈行为的，受欺诈方有权请求人民法院或者仲裁机构予以撤销。

第一百五十条　一方或者第三人以胁迫手段，使对方在违背真实意思的情况下实施的民事法律行为，受胁迫方有权请求人民法院或者仲裁机构予以撤销。

第一百五十一条　一方利用对方处于危困状态、缺乏判断能力等情形，致使民事法律行为成立时显失公平的，受损害方有权请求人民法院或者仲裁机构予以撤销。

第一百五十二条　有下列情形之一的，撤销权消灭：

（一）当事人自知道或者应当知道撤销事由之日起一年内、重大误解的当事人自知道或者应当知道撤销事由之日起三个月内没有行使撤销权；

（二）当事人受胁迫，自胁迫行为终止之日起一年内没有行使撤销权；

（三）当事人知道撤销事由后明确表示或者以自己的行为表明放弃撤销权。

当事人自民事法律行为发生之日起五年内没有行使撤销权的，撤销权消灭。

第一百五十三条　违反法律、行政法规的强制性规定的民事法律行为无效，但是该强制性规定不导致该民事法律行为无效的除外。

违背公序良俗的民事法律行为无效。

第一百五十四条　行为人与相对人恶意串通，损害他人合法权益的民事法律行为无效。

第一百五十五条　无效的或者被撤销的民事法律行为自始没有法律约束力。

第一百五十六条　民事法律行为部分无效，不影响其他部分效力的，其他部分仍然有效。

第一百五十七条　民事法律行为无效、被撤销或者确定不发生效力后，行为人因该行为取得的财产，应当予以返还；不能返还或者没有必要返还的，应当折价补偿。有过错的一方应当赔偿对方由此所受到的损失；各方都有过错的，应当各自承担相应的责任。法律另有规定的，依照其规定。

中华人民共和国合同法

第四十四条　依法成立的合同，自成立时生效。

法律、行政法规规定应当办理批准、登记等手续生效的，依照其规定。

第四十五条　当事人对合同的效力可以约定附条件。附生效条件的合同，自条件成就时生效。附解除条件的合同，自条件成就时失效。

当事人为自己的利益不正当地阻止条件成就的，视为条件已成就；不正当地促成条件成就的，视为条件不成就。

第四十六条　当事人对合同的效力可以约定附期限。附生效期限的合同，自期限届至时生效。附终止期限的合同，自期限届满时失效。

第四十七条　限制民事行为能力人订立的合同，经法定代理人追认后，该合同有效，但纯获利益的合同或者与其年龄、智力、精神健康状况相适应而订立的合同，不必经法定代理人追认。

相对人可以催告法定代理人在一个月内予以追认。法定代理人未作表示的，视为拒绝追认。合同被追认之前，善意相对人有撤销的权利。撤销应当以通知的方式作出。

第四十八条　行为人没有代理权、超越代理权或者代理权终止后以被代理人名义订立的合同，未经被代理人追认，对被代理人不发生效力，由行为人承担责任。

相对人可以催告被代理人在一个月内予以追认。被代理人未作表示的，视为拒绝追认。合同被追认之前，善意相对人有撤销的权利。撤销应当以通知的方式作出。

第四十九条　行为人没有代理权、超越代理权或者代理权终止后以被代理人名义订立合同，相对人有理由相信行为人有代理权的，该代理行为有效。

第五十条　法人或者其他组织的法定代表人、负责人超越权限订立的合同，除相对人知道或者应当知道其超越权限的以外，该代表行为有效。

第五十一条　无处分权的人处分他人财产，经权利人追认或者无处分权的人订立合同后取得处分权的，该合同有效。

第五十二条　有下列情形之一的，合同无效：

（一）一方以欺诈、胁迫的手段订立合同，损害国家利益；

（二）恶意串通，损害国家、集体或者第三人利益；

（三）以合法形式掩盖非法目的；

（四）损害社会公共利益；

（五）违反法律、行政法规的强制性规定。

第五十三条　合同中的下列免责条款无效：

（一）造成对方人身伤害的；

（二）因故意或者重大过失造成对方财产损失的。

第五十四条　下列合同，当事人一方有权请求人民法院或者仲裁机构变更或者撤销：

（一）因重大误解订立的；

（二）在订立合同时显失公平的。

一方以欺诈、胁迫的手段或者乘人之危，使对方在违背真实意思的情况下订立的合同，受损害方有权请求人民法院或者仲裁机构变更或者撤销。

当事人请求变更的，人民法院或者仲裁机构不得撤销。

第五十五条　有下列情形之一的，撤销权消灭：

（一）具有撤销权的当事人自知道或者应当知道撤销事由之日起一年内没有行使撤销权；

（二）具有撤销权的当事人知道撤销事由后明确表示或者以自己的行为放弃撤销权。

第五十六条　无效的合同或者被撤销的合同自始没有法律约束力。合同部分无效，不影响其他部分效力的，其他部分仍然有效。

第五十七条　合同无效、被撤销或者终止的，不影响合同中独立存在的有关解决争议方法的条款的效力。

第五十八条　合同无效或者被撤销后，因该合同取得的财产，应当予以返还；不能返还或者没有必要返还的，应当折价补偿。有过错的一方应当赔偿对方因此所受到的损失，双方都有过错的，应当各自承担相应的责任。

第五十九条　当事人恶意串通，损害国家、集体或者第三人利益的，因此取得的财产收归国家所有或者返还集体、第三人。

……

第一百三十二条　出卖的标的物，应当属于出卖人所有或者出卖人有权处分。

法律、行政法规禁止或者限制转让的标的物，依照其规定。

中华人民共和国城市房地产管理法

第三十八条　下列房地产，不得转让：

（一）以出让方式取得土地使用权的，不符合本法第三十九条规定的条件的；

（二）司法机关和行政机关依法裁定、决定查封或者以其他形式限制房地产权利的；

（三）依法收回土地使用权的；

（四）共有房地产，未经其他共有人书面同意的；

（五）权属有争议的；

（六）未依法登记领取权属证书的；

（七）法律、行政法规规定禁止转让的其他情形。

最高人民法院关于适用《中华人民共和国合同法》若干问题的解释（一）

第九条　依照合同法第四十四条第二款的规定，法律、行政法规规定合同应当办理批准手续，或者办理批准、登记等手续才生效，在一审法庭辩论终结前当事人仍未办理批准手续的，或者仍未办理批准、登记等手续的，人民法院应当认定该合同未生效；法律、行政法规规定合同应当办理登记手续，但未规定登记后生效的，当事人未办理登记手续不影响合同的效力，合同标的物所有权及其他物权不能转移。

合同法第七十七条第二款、第八十七条、第九十六条第二款所列合同变更、转让、解除等情形，依照前款规定处理。

第十条　当事人超越经营范围订立合同，人民法院不因此认定合同无效。但违反国家限制经营、特许经营以及法律、行政法规禁止经营规定的除外。

最高人民法院关于适用《中华人民共和国合同法》若干问题的解释（二）

第九条　提供格式条款的一方当事人违反合同法第三十九条第一款关于提示和说明义务的规定，导致对方没有注意免除或者限制其责任的条款，对方当事人申请撤销该格式条款的，人民法院应当支持。

第十条　提供格式条款的一方当事人违反合同法第三十九条第一款的规定，并具有合同法第四十条规定的情形之一的，人民法院应当认定该格式条款无效。

第十一条　根据合同法第四十七条、第四十八条的规定，追认的意思表示自到达相对人时生效，合同自订立时起生效。

第十二条　无权代理人以被代理人的名义订立合同，被代理人已经开始履行合同义务的，视为对合同的追认。

第十三条　被代理人依照合同法第四十九条的规定承担有效代理行为所产生的责任后，可以向无权代理人追偿因代理行为而遭受的损失。

第十四条　合同法第五十二条第（五）项规定的“强制性规定”，是指效力性强制性规定。

第十五条　出卖人就同一标的物订立多重买卖合同，合同均不具有合同法第五十二条规定的无效情形，买受人因不能按照合同约定取得标的物所有权，请求追究出卖人违约责任的，人民法院应予支持。

裁判意见

全国法院民商事审判工作会议纪要（2019年11月8日）

30.【强制性规定的识别】合同法施行后，针对一些人民法院动辄以违反法律、行政法规的强制性规定为由认定合同无效，不当扩大无效合同范围的情形，合同法司法解释（二）第14条将《合同法》第52条第5项规定的“强制性规定”明确限于“效力性强制性规定”。此后，《最高人民法院关于当前形势下审理民商事合同纠纷案件若干问题的指导意见》进一步提出了“管理性强制性规定”的概念，指出违反管理性强制性规定的，人民法院应当根据具体情形认定合同效力。随着这一概念的提出，审判实践中又出现了另一种倾向，有的人民法院认为凡是行政管理性质的强制性规定都属于“管理性强制性规定”，不影响合同效力。这种望文生义的认定方法，应予纠正。

人民法院在审理合同纠纷案件时，要依据《民法总则》第153条第1款和合同法司法解释（二）第14条的规定慎重判断“强制性规定”的性质，特别是要在考量强制性规定所保护的法益类型、违法行为的法律后果以及交易安全保护等因素的基础上认定其性质，并在裁判文书中充分说明理由。下列强制性规定，应当认定为“效力性强制性规定”：强制性规定涉及金融安全、市场秩序、国家宏观政策等公序良俗的；交易标的禁止买卖的，如禁止人体器官、毒品、枪支等买卖；违反特许经营规定的，如场外配资合同；交易方式严重违法的，如违反招投标等竞争性缔约方式订立的合同；交易场所违法的，如在批准的交易场所之外进行期货交易。关于经营范围、交易时间、交易数量等行政管理性质的强制性规定，一般应当认定为“管理性强制性规定”。

31.【违反规章的合同效力】违反规章一般情况下不影响合同效力，但该规章的内容涉及金融安全、市场秩序、国家宏观政策等公序良俗的，应当认定合同无效。人民法院在认定规章是否涉及公序良俗时，要在考察规范对象基础上，兼顾监管强度、交易安全保护以及社会影响等方面进行慎重考量，并在裁判文书中进行充分说理。

32.【合同不成立、无效或者被撤销的法律后果】《合同法》第58条就合同无效或者被撤销时的财产返还责任和损害赔偿责任作了规定，但未规定合同不成立的法律后果。考虑到合同不成立时也可能发生财产返还和损害赔偿责任问题，故应当参照适用该条的规定。

在确定合同不成立、无效或者被撤销后财产返还或者折价补偿范围时，要根据诚实信用原则的要求，在当事人之间合理分配，不能使不诚信的当事人因合同不成立、无效或者被撤销而获益。合同不成立、无效或者被撤销情况下，当事人所承担的缔约过失责任不应超过合同履行利益。比如，依据《最高人民法院关于审理建设工程施工合同纠纷案件适用法律问题的解释》第2条规定，建设工程施工合同无效，在建设工程经竣工验收合格情况下，可以参照合同约定支付工程款，但除非增加了合同约定之外新的工程项目，一般不应超出合同约定支付工程款。

33.【财产返还与折价补偿】合同不成立、无效或者被撤销后，在确定财产返还时，要充分考虑财产增值或者贬值的因素。双务合同不成立、无效或者被撤销后，双方因该合同取得财产的，应当相互返还。应予返还的股权、房屋等财产相对于合同约定价款出现增值或者贬值的，人民法院要综合考虑市场因素、受让人的经营或者添附等行为与财产增值或者贬值之间的关联性，在当事人之间合理分配或者分担，避免一方因合同不成立、无效或者被撤销而获益。在标的物已经灭失、转售他人或者其他无法返还的情况下，当事人主张返还原物的，人民法院不予支持，但其主张折价补偿的，人民法院依法予以支持。折价时，应当以当事人交易时约定的价款为基础，同时考虑当事人在标的物灭失或者转售时的获益情况综合确定补偿标准。标的物灭失时当事人获得的保险金或者其他赔偿金，转售时取得的对价，均属于当事人因标的物而获得的利益。对获益高于或者低于价款的部分，也应当在当事人之间合理分配或者分担。

34.【价款返还】双务合同不成立、无效或者被撤销时，标的物返还与价款返还互为对待给付，双方应当同时返还。关于应否支付利息问题，只要一方对标的物有使用情形的，一般应当支付使用费，该费用可与占有价款一方应当支付的资金占用费相互抵销，故在一方返还原物前，另一方仅须支付本金，而无须支付利息。

35.【损害赔偿】合同不成立、无效或者被撤销时，仅返还财产或者折价补偿不足以弥补损失，一方还可以向有过错的另一方请求损害赔偿。在确定损害赔偿范围时，既要根据当事人的过错程度合理确定责任，又要考虑在确定财产返还范围时已经考虑过的财产增值或者贬值因素，避免双重获利或者双重受损的现象发生。

36.【合同无效时的释明问题】在双务合同中，原告起诉请求确认合同有效并请求继续履行合同，被告主张合同无效的，或者原告起诉请求确认合同无效并返还财产，而被告主张合同有效的，都要防止机械适用“不告不理”原则，仅就当事人的诉讼请求进行审理，而应向原告释明变更或者增加诉讼请求，或者向被告释明提出同时履行抗辩，尽可能一次性解决纠纷。例如，基于合同有给付行为的原告请求确认合同无效，但并未提出返还原物或者折价补偿、赔偿损失等请求的，人民法院应当向其释明，告知其一并提出相应诉讼请求；原告请求确认合同无效并要求被告返还原物或者赔偿损失，被告基于合同也有给付行为的，人民法院同样应当向被告释明，告知其也可以提出返还请求；人民法院经审理认定合同无效的，除了要在判决书“本院认为”部分对同时返还作出认定外，还应当在判项中作出明确表述，避免因判令单方返还而出现不公平的结果。

第一审人民法院未予释明，第二审人民法院认为应当对合同不成立、无效或者被撤销的法律后果作出判决的，可以直接释明并改判。当然，如果返还财产或者赔偿损失的范围确实难以确定或者双方争议较大的，也可以告知当事人通过另行起诉等方式解决，并在裁判文书中予以明确。

当事人按照释明变更诉讼请求或者提出抗辩的，人民法院应当将其归纳为案件争议焦点，组织当事人充分举证、质证、辩论。

北京市高级人民法院关于审理房屋买卖合同纠纷案件适用法律若干问题的指导意见（试行）（2010 年 12 月 22 日）

第三条 《城市房地产管理法》第三十八条第（六）项

“未依法登记领取权属证书”的房屋不得转让的规定，在性质上不属于《最高人民法院关于适用〈中华人民共和国合同法〉若干问题的解释（二）》第十四条规定中的“效力性强制性规定”，不应作为认定房屋买卖合同无效的法律依据。

第四条　对以将来可能取得所有权的房屋为标的物的买卖合同，法院不应仅以出卖人在签订合同时尚未取得房屋所有权为由认定买卖合同无效。出卖人在合同履行期限届满时仍未取得房屋所有权，致使买受人不能办理房屋所有权转移登记的，应当承担相应的违约责任。

前款所称将来可能取得所有权的房屋，包括尚未取得所有权的已购商品房及已购按经济适用住房管理的房屋等。

……

第九条　出卖人擅自将已被有权国家机关采取了查封等强制措施的房屋转让给他人的，买卖合同一般认定为无效，但相应有权国家机关或申请采取强制措施的权利人同意转让，或者一审法庭辩论终结前强制措施已经解除的，可以认定合同有效。

出卖人转让房屋后，有权国家机关对房屋采取了查封等强制措施的，不影响已成立的房屋买卖合同的效力。合同约定的履行期限届满时针对出卖人的强制措施仍未解除，致使买受人不能办理房屋所有权转移登记的，可以参照本意见第八条第二款规定的内容处理。

第十条　房屋权利人依据《物权法》第二十八条至第三十条规定取得房屋所有权，尚未办理宣示登记即转让房屋的，不影响房屋买卖合同的效力。买受人要求办理房屋所有权转移登记，经审查诉讼请求应予支持的，应当判决房屋权利人将房屋登记到自己名下后，再为买受人办理所有权转移登记。

第十一条　出卖人因婚前购买、拆迁安置等原因单独享有房屋所有权，其配偶、其他亲属或被拆迁安置人因婚姻、亲属关系或拆迁政策规定有权居住该房屋，并形成共居事实，居住人以出卖人转让房屋未经其同意，侵害其居住权益为由，要求确认房屋买卖合同无效的，不予支持。但居住人的相关权益应当得到法律保护。

天津市高级人民法院关于审理房屋买卖合同纠纷案件若干问题的审判委员会纪要（2018 年 11 月 26 日）

二、二手房买卖相关问题

（一）关于合同效力的认定问题

当事人尚未签订房地产行政主管部门要求的《天津市存量房屋买卖协议》（原称《天津市房产买卖协议》），但自行签订或者通过房产中介机构签订的协议书具备了房屋买卖合同主要内容的，应认定房屋买卖合同成立。经审查不存在法定无效情形的，应当认定合同有效。当事人明确约定以签订《天津市存量房屋买卖协议》为买卖合同成立、生效要件的，从其约定。

出卖人转让仅登记在自己名下的共有房屋，未征得其他共有人同意，当事人以出卖人在缔约时对房屋没有所有权或者处分权为由主张房屋买卖合同无效的，人民法院不予支持。买受人有权主张解除合同，并要求出卖人承担违约责任。房屋已经交付但尚未办理所有权转移登记，买受人要求继续履行合同办理房屋所有权转移登记的，人民法院不予支持，买受人要求赔偿损失的，人民法院应予支持。

出卖人冒用房屋所有权人名义擅自转让房屋，所有权人请求确认房屋买卖合同无效的，人民法院应予支持，但有证据证明构成表见代理的除外。

当事人之间就同一房屋先后签订数份买卖合同，因该数份合同中关于房屋价款、履行方式、履行期限等实质性内容的约定不一致而产生争议的，人民法院应当综合考虑合同实际履行情况、同类房屋市场交易价格等因素，按照公平和诚信原则，确定当事人的真实意思表示。

上海市高级人民法院关于审理“二手房”买卖案件若干问题的解答（2005 年 12 月 16 日）

4. 2004 年 4 月 26 日“期房限转”政策出台后，一方尚未取得房屋所有权证，即与他人订立转让合同。该转让合同的效力如何认定？

答：高院在今年 6 月 16 日《民事法律适用问答》（2005 年第 1 期）对此作了阐述，明确不能仅因出卖方尚未取得房屋所有权证而认定转让合同无效。其理由是：房屋买卖合同的买方在尚未取得房屋所有权证之前，其虽不能享有房屋所有权，但享有买卖合同上的债权。而债权转让是合同法赋予合同当事人的权利之一，没有理由不允许当事人转让自己的合同权利，因此买方再予转让并不违反法律禁止性规定。至于上海市目前关于“期房限转”的地方性规定，其所规定的是当事人在取得房屋所有权证之前的再转让行为，房地产登记部门不予办理登记，该规定所产生的后果是受让方可能要承担无法实际取得房屋的风险，但并不影响转让合同的效力。

5. 当事人已就房屋买卖事宜达成了具体约定，但未签订《上海市房地产买卖合同》示范文本。当事人之间的买卖合同是否成立、有效？

答：《上海市房地产买卖合同》是上海市房屋土地资源管

理局、上海市工商行政管理局共同制定的示范文本，当事人可以约定采用，或参照示范文本订立买卖合同。实践中，买卖双方就房屋买卖事宜达成一致意见后，为办理过户手续之需要，大多约定双方再需签订《上海市房地产买卖合同》示范文本。对此，买卖合同是否成立、有效应根据双方的合意情况，予以区别对待。

如双方明确以签订《上海市房地产买卖合同》为买卖合同成立、生效要件的，从其约定。

如双方并未作出上述约定，而双方已经签订的协议书具备了房屋买卖合同的主要内容，应视为买卖合同成立，并认定合同有效。双方约定再签订《上海市房地产买卖合同》，只是以格式合同的形式对买卖关系予以确认。当事人未签订《上海市房地产买卖合同》的，不影响原已成立的合同关系。

上海市高级人民法院关于审理房产纠纷案件若干疑难问题的讨论纪要（1993年10月27日）

21. 双方自愿，依法订立房屋买卖合同并已实际交付房屋和房价款的，虽未办理所有权转移登记手续，应认定双方买卖合同有效，并责令双方到房管部门补办手续。

山东省高级人民法院关于印发全省民事审判工作会议纪要的通知（2011年12月2日）

二、关于房地产纠纷案件

（三）未取得不动产权属证书的房屋买卖合同的效力问题

《城市房地产管理法》第38、39条的规定是法律限制未依法登记取得权属证书的房屋转让的管理性规范，而非效力性规范，未取得权属证书的房屋买卖合同不违反法律的强制性规定，应依法认定有效，如果第三人主张房屋所有权导致房屋买卖合同不能履行的，出卖人应当承担权利瑕疵担保责任。

广东省高级人民法院关于审理房屋买卖合同纠纷案件的指引（2017年9月12日）

七、当事人以房屋买卖合同存在下列情形之一为由主张合同无效的，不予支持：

（一）出卖人未领取权属证书的；

（二）买卖未经抵押权人同意的；

（三）买卖未经预告登记权利人同意的；

（四）房屋被国家机关依法采取查封等强制措施的；

（五）部分共有人擅自出卖共有房屋的；

（六）按份共有人违反法律规定转让其份额，侵害其他共有人优先购买权的；

（七）出租人违反法律规定出售房屋，侵害承租人优先购买权的；

（八）违反政府房地产市场调控政策，但不违反法律、行政治法规效力性强制性规定或者公序良俗的。

八、出卖人冒用房屋所有权人名义转让房屋，该合同对房屋所有权人没有约束力，但买受人有证据证明出卖人的行为构成表见代理的除外。

出卖人冒用房屋所有权人名义伪造身份证、房产证等证件转让房屋的，不适用善意取得的规定。

安徽省高级人民法院关于审理房屋买卖合同纠纷案件适用法律问题的指导意见（2012年3月5日）

9.《中华人民共和国城市房地产管理法》第三十八条第（六）项“未依法登记领取权属证书的”房屋不得转让的规定，在性质上不属于《最高人民法院关于适用〈中华人民共和国合同法〉若干问题的解释（二）》第十四条规定的“效力性强制性规定”，买受人仅以出卖人签订合同时未取得房屋权属证书为由请求确认合同无效的，不予支持。

《中华人民共和国城市房地产管理法》第三十九条第一款第（二）项的规定在性质上也不属于上述司法解释第十四条规定的“效力性强制性规定”，不应作为认定房屋买卖合同无效的法律依据。

江苏省高级人民法院民一庭房屋买卖合同纠纷案件疑难问题法律适用研讨会综述（2004 年 11 月）

二、私房买卖合同纠纷案件疑难问题法律适用

1. 如何理解、适用“未依法登记领取权属证书的房地产不得转让”的法律规定？

《城市房地产管理法》第三十七条第六项规定：未依法登记领取权属证书的房地产不得转让。对于违反这一规定而进行房地产转让的合同效力问题，实践中掌握得并不一致。有的认为转让行为有效，其理由在于，这条规定是基于行政管理的目的而规定的，在理论上属于取缔规定，并不能否认转让合同的效力。有的认为转让行为无效，其理由在于，既然法律是这样规定的，就应该严格遵守。

与会代表认为，这个问题急需统一裁量标准，并认为转让未依法登记领取权属证书的房地产，转让合同的效力不能一概认定为无效。根据《合同法》第五十一条的规定，这种转让行为属于无权处分，其效力也应当是待定的：如果出卖人以后办理了权属登记手续，即其以后取得了处分权，则转让行为的效力由待定状态转为有效状态；若出卖人以后无法取得处分权，则转让行为的效力才从待定状态转为无效状态。

与会代表还认为，适用该规定时，具体可分三种情形处

理。第一，基于生效裁判而取得的场合，因这种取得方式是法定主义的取得方式，公开作出、宣布的生效裁判客观上已经起到了公示的作用。因此，自裁判生效之日起，取得人已经取得了房屋的所有权，虽未依法登记领取权属证书即将房屋又出售给他人的，无论是处分行为还是负担行为（买卖合同）的效力都不会受到影响，都应当是有效的。基于这种转让行为，虽然需要补办有关登记手续，但买受人对房屋所享有的权利已毋庸置疑。第二，因继承或建造而取得房屋，应进行物权公示，即依法登记领取权属证书，在此之前不能谓取得人已取得了所有权，故其将房屋又出卖于他人的，实为无权处分行为，买卖合同的效力应当是待定的，尚需根据以后的情况最终确定其是有效的还是无效的。但有观点认为，这种情形与出卖他人之物不同，如果取得人提供充分证据其是事实上的权利人，可以认定转让合同有效，并判决出卖人必须先将房屋登记于自己名下，再过户登记于买受人名下。第三，经过审查，若出卖人能够依法登记领取权属证书但故意拖延办理的，可以认为出卖人嗣后（即买卖合同订立后）是能够取得处分权的，因此买卖合同的效力应当由待定状态转为有效，对出卖人的无效主张不予支持。

四、无权处分

核心规范

中华人民共和国物权法

第十五条　当事人之间订立有关设立、变更、转让和消灭不动产物权的合同，除法律另有规定或者合同另有约定外，自合同成立时生效；未办理物权登记的，不影响合同效力。

……

第九十三条　不动产或者动产可以由两个以上单位、个人共有。共有包括按份共有和共同共有。

第九十四条　按份共有人对共有的不动产或者动产按照其份额享有所有权。

第九十五条　共同共有人对共有的不动产或者动产共同享有所有权。

第九十六条　共有人按照约定管理共有的不动产或者动产；没有约定或者约定不明确的，各共有人都有管理的权利和义务。

第九十七条　处分共有的不动产或者动产以及对共有的不动产或者动产作重大修缮的，应当经占份额三分之二以上的按份共有人或者全体共同共有人同意，但共有人之间另有约定的除外。

第九十八条　对共有物的管理费用以及其他负担，有约定的，按照约定；没有约定或者约定不明确的，按份共有人按照其份额负担，共同共有人共同负担。

第九十九条　共有人约定不得分割共有的不动产或者动产，以维持共有关系的，应当按照约定，但共有人有重大理由需要分割的，可以请求分割；没有约定或者约定不明确的，按份共有人可以随时请求分割，共同共有人在共有的基础丧失或者有重大理由需要分割时可以请求分割。因分割对其他共有人造成损害的，应当给予赔偿。

第一百条　共有人可以协商确定分割方式。达不成协议，共有的不动产或者动产可以分割并且不会因分割减损价值的，应当对实物予以分割；难以分割或者因分割会减损价值的，应当对折价或者拍卖、变卖取得的价款予以分割。

共有人分割所得的不动产或者动产有瑕疵的，其他共有人应当分担损失。

第一百零一条　按份共有人可以转让其享有的共有的不

动产或者动产份额。其他共有人在同等条件下享有优先购买的权利。

第一百零二条　因共有的不动产或者动产产生的债权债务，在对外关系上，共有人享有连带债权、承担连带债务，但法律另有规定或者第三人知道共有人不具有连带债权债务关系的除外；在共有人内部关系上，除共有人另有约定外，按份共有人按照份额享有债权、承担债务，共同共有人共同享有债权、承担债务。偿还债务超过自己应当承担份额的按份共有人，有权向其他共有人追偿。

第一百零三条　共有人对共有的不动产或者动产没有约定为按份共有或者共同共有，或者约定不明确的，除共有人具有家庭关系等外，视为按份共有。

第一百零四条　按份共有人对共有的不动产或者动产享有的份额，没有约定或者约定不明确的，按照出资额确定；不能确定出资额的，视为等额享有。

第一百零五条　两个以上单位、个人共同享有用益物权、担保物权的，参照本章规定。

第一百零六条　无处分权人将不动产或者动产转让给受让人的，所有权人有权追回；除法律另有规定外，符合下列情形的，受让人取得该不动产或者动产的所有权：

（一）受让人受让该不动产或者动产时是善意的；

（二）以合理的价格转让；

（三）转让的不动产或者动产依照法律规定应当登记的已经登记，不需要登记的已经交付给受让人。

受让人依照前款规定取得不动产或者动产的所有权的，原所有权人有权向无处分权人请求赔偿损失。

当事人善意取得其他物权的，参照前两款规定。

中华人民共和国合同法

第四十八条　行为人没有代理权、超越代理权或者代理权终止后以被代理人名义订立的合同，未经被代理人追认，对被代理人不发生效力，由行为人承担责任。

相对人可以催告被代理人在一个月内予以追认。被代理人未作表示的，视为拒绝追认。合同被追认之前，善意相对人有撤销的权利。撤销应当以通知的方式作出。

第四十九条　行为人没有代理权、超越代理权或者代理权终止后以被代理人名义订立合同，相对人有理由相信行为人有代理权的，该代理行为有效。

……

第五十一条　无处分权的人处分他人财产，经权利人追认或者无处分权的人订立合同后取得处分权的，该合同有效。

……

第一百三十二条　出卖的标的物，应当属于出卖人所有或者出卖人有权处分。

法律、行政法规禁止或者限制转让的标的物，依照其规定。

最高人民法院关于适用《中华人民共和国物权法》若干问题的解释（一）

第十五条　受让人受让不动产或者动产时，不知道转让人无处分权，且无重大过失的，应当认定受让人为善意。

真实权利人主张受让人不构成善意的，应当承担举证证明责任。

第十六条　具有下列情形之一的，应当认定不动产受让人知道转让人无处分权：

（一）登记簿上存在有效的异议登记；

（二）预告登记有效期内，未经预告登记的权利人同意；

（三）登记簿上已经记载司法机关或者行政机关依法裁定、决定查封或者以其他形式限制不动产权利的有关事项；

（四）受让人知道登记簿上记载的权利主体错误；

（五）受让人知道他人已经依法享有不动产物权。

真实权利人有证据证明不动产受让人应当知道转让人无处分权的，应当认定受让人具有重大过失。

最高人民法院关于审理买卖合同纠纷案件适用法律问题的解释

第三条　当事人一方以出卖人在缔约时对标的物没有所

有权或者处分权为由主张合同无效的，人民法院不予支持。

出卖人因未取得所有权或者处分权致使标的物所有权不能转移，买受人要求出卖人承担违约责任或者要求解除合同并主张损害赔偿的，人民法院应予支持。

【注意问题】

《最高人民法院关于审理买卖合同纠纷案件适用法律问题的解释》第三条对无权处分情形下买卖合同的效力以及违约救济作了明确规定。在买卖合同法律关系中，买卖合同是物权变动的原因行为，所有权转移是物权变动的结果。出卖人在缔约时对标的物没有所有权或者处分权，并不影响作为原因行为的买卖合同的效力，但能否发生所有权转移的物权变动结果，则取决于出卖人嗣后能否取得所有权或者处分权。对于该司法解释发布之前各地法院出台的裁判指导意见，与该条规定多有冲突，应予注意。

裁判意见

北京市高级人民法院关于审理房屋买卖合同纠纷案件适用法律若干问题的指导意见（试行）（2010年12月22日）

第十八条 《物权法》第一百零六条规定的房屋的无权处分主要包括以下情形：

（1）权利人基于非依法律行为的物权变动取得房屋所有权，但未办理宣示登记，房屋登记在他人名下，登记人擅自以自己名义处分房屋的；

（2）因房屋登记机关登记错误，致使房屋登记簿上记载的原所有权消灭，产生了新的登记权利，登记人擅自以自己名义处分房屋的；

（3）夫妻共同共有及其他法定共有房屋仅登记在其中部分共有人名下，登记人未经占份额三分之二以上的按份共有人或全体共同共有人同意，擅自以自己名义处分房屋的；

（4）出卖人转让房屋并办理了所有权转移登记，其后买卖合同被确认无效或被撤销、解除，尚未办理所有权回复登记，登记人（买受人）擅自以自己名义处分房屋的；

（5）其他无权处分房屋的情形。

第十九条 《物权法》第一百零六条第一款规定在适用上应作如下理解：

（1）房屋善意取得中“善意”的判断标准：买受人信赖房屋登记簿中关于物权登记的记载，不知道出卖人无处分权即推定买受人为善意，但确有证据证明买受人明知或因重大过失不知房屋登记簿中物权登记错误或者登记簿中存在异议登记的除外。房屋原权利人对于买受人为恶意负有举证责任。

（2）“以合理的价格转让”是指买卖双方之间存在以合理价格转让房屋的交易行为，且买受人已实际全部或部分支付了房屋价款。

（3）房屋善意取得以房屋所有权已经转移登记到买受人名下为生效要件。房屋已经办理转移登记但尚未交付的不影响善意取得的构成，但该事实可以作为判断买受人是否构成善意的因素之一。

北京市高级人民法院关于审理房屋买卖合同纠纷案件若干疑难问题的会议纪要（2014 年 12 月 16 日）

六、无权处分合同的效力和履行

夫妻一方未经另一方同意，以自己名义转让登记在自己名下的法定共有房屋，当事人以出卖人在缔约时对房屋没有所有权或者处分权为由主张房屋买卖合同无效的，不予支持。

前款房屋已经交付但尚未办理过户登记，不符合《物权法》第 106 条第 1 款规定的善意取得构成要件，买卖合同构成法律上的履行不能，买受人要求继续履行买卖合同办理房屋过户登记的，法院应当释明买受人可以主张解除合同，经释明买受人坚持不变更诉讼请求的，应当判决驳回其诉讼请求。房屋买卖合同解除的，善意买受人有权要求出卖人承担包括赔偿房屋差价损失在内的违约责任。

前款房屋已经过户登记到买受人名下，但不符合《物权法》第 106 条第 1 款规定的善意取得其他构成要件，夫妻另一方依据该规定要求追回房屋的，应予支持。

“善意”的判断时点以买受人申请过户登记时为准。

七、房屋共有权利人的诉讼地位与责任承担

夫妻一方转让登记在自己名下的法定共有房屋，买受人要求继续履行合同办理房屋过户登记，法院应当对出卖人（登记方）的行为是否构成无权处分或无权代理进行审查，并释明买受人可以申请追加夫妻另一方作为共同被告或第三人参加诉讼，买受人不申请的，法院可以通知夫妻另一方作为无独立请求权第三人参加诉讼。夫妻另一方以出卖人构成无权处分为由要求追回房屋的，可以作为有独立请求权第三人参加诉讼。夫妻另一方向法院表示同意出卖人转让房屋的，可以不追加其参加诉讼。

经审查夫妻另一方追认出卖人的处分行为或有证据证明其以自己的行为同意履行的，构成对房屋过户登记债务的加入，应当判决夫妻双方共同为买受人办理房屋过户登记手续；出卖人的行为构成《最高人民法院关于适用〈中华人民共和国婚姻法〉若干问题的解释（一）》第17条第（2）项或《民法通则》第66条第1款规定的，该买卖合同对夫妻另一方具有约束力，应当判决夫妻双方共同为买受人办理房屋过户登记手续。

八、冒名签订房屋买卖合同的效力

出卖人冒用房屋所有权人名义（如伪造所有权人身份证明、找相貌近似者冒充所有权人交易等）擅自转让房屋，可以参照《合同法》第48条无权代理的规定认定房屋买卖合同无效，该合同对房屋所有权人没有约束力，但买受人有证据证明构成《合同法》第49条规定表见代理的除外。

买受人信赖出卖人享有代理权法律外观的形成系不可归因于房屋所有权人的，不构成前款规定的表见代理。

北京市高级人民法院关于审理房屋买卖合同纠纷案件适用法律若干问题的指导意见（试行）（2010年12月22日）

第五条　出卖人将登记在其个人名下的法定共有房屋，未经占份额三分之二以上的按份共有人或全体共同共有人同意，擅自以自己名义转让给他人，买受人为善意的，可以认定房屋买卖合同有效。买受人符合《物权法》第一百零六条第一款规定的善意取得构成要件办理了房屋所有权转移登记，其他共有人要求追回该房屋的，不予支持。

前款中出卖人为夫妻一方，转让房屋行为符合《最高人民法院关于适用〈中华人民共和国婚姻法〉若干问题的解释（一）》第十七条第（二）项规定的，应当优先适用该规定。

天津市高级人民法院关于审理房屋买卖合同纠纷案件若干问题的审判委员会纪要（2018年11月26日）

二、二手房买卖相关问题

（一）关于合同效力的认定问题

出卖人转让仅登记在自己名下的共有房屋，未征得其他共有人同意，当事人以出卖人在缔约时对房屋没有所有权或者处分权为由主张房屋买卖合同无效的，人民法院不予支持。买受人有权主张解除合同，并要求出卖人承担违约责任。房屋已经交付但尚未办理所有权转移登记，买受人要求继续履行合同办理房屋所有权转移登记的，人民法院不予支持，买受人要求赔偿损失的，人民法院应予支持。

出卖人冒用房屋所有权人名义擅自转让房屋，所有权人请求确认房屋买卖合同无效的，人民法院应予支持，但有证据证明构成表见代理的除外。

上海市高级人民法院关于审理“二手房”买卖案件若干问题的解答（2005年12月16日）

2. 未经房屋共同共有人同意，出卖人对外签订的“二手房”买卖合同，效力如何认定？

答：审判实践中，经常遇到房屋共有人以其他共有人擅自处分共有财产为由，主张其他共有人对外签订的“二手房”买卖合同无效。对此问题，应区别不同的情形分别处理。一是房屋出售时，权利登记仅为出卖人一人的，基于不动产的公示、公信原则，买受人有理由相信出卖人系房屋的完全权利人，其与出卖人之间签订的买卖合同，应认定为有效；但如有证据证明买受人存有过错，与出卖人恶意串通，损害其他共有人利益的除外。二是房屋出售时，权利登记为数人的，基于部分共同共有人不得擅自处分共有财产的法律规定，在其他权利人事后不予追认的情况下，应认定买卖合同无效；但买受人有理由相信出卖人有代理权，符合表见代理构成要件的，应确认买卖合同有效。

3. 未经在房屋内共同居住的其他成员同意，房屋所有权人对外签订的“二手房”买卖合同，效力如何认定?

答：房屋权利人个人购买所得的房屋，配偶或其他亲属因婚姻或亲属关系形成了同住事实，房屋所有权人有义务保障其居住权益，但该权益的存在并不构成对房屋所有权人处分房屋的限制。因此，未经在房屋内共同居住的其他成员同意并不影响房屋所有权人对外签订的房屋买卖合同的效力。

山东省高级人民法院关于印发全省民事审判工作会议纪要的通知（2011 年 12 月 2 日）

一、关于物权纠纷案件

……

（三）关于部分共有人擅自处分共同共有房屋的处理问题

根据《物权法》第 97 条的规定，处分共有房屋应当经三分之二以上份额的共有人或者全体共同共有人同意。该规定据此确定了按份共有和共同共有两种共有财产的处分规则，即按份共有采取“多数决”的处分原则，而共同共有则采取“一致决”的处分原则。质言之，部分共有人未经全体共有人的同意不得擅自处分共同共有的房屋，否则处分行为应属无效。但部分共有人处分共同共有房屋涉及到第三人利益保护问题，应根据物权法、合同法的相关规定，结合处分行为的不同情形加以处理：部分共有人与第三人就共同共有房屋的处分仅意思表示一致并达成协议，尚未发生物权变动的，此协议应为效力待定的合同；部分共有人与第三人处分共同共有房屋符合《物权法》第106条规定，其他共有人主张追回房屋的，不予支持。

安徽省高级人民法院关于审理房屋买卖合同纠纷案件适用法律问题的指导意见（2012年3月5日）

15. 共有房屋的部分登记权利人转让房屋，属于无权处分行为，其他登记权利人以转让房屋未经其同意为由主张买卖合同无效的，一般予以支持。但买受人有理由相信出卖人有代理权的除外。

共有房屋登记在一人或部分共有人名下，登记权利人转让共有房屋，亦属于无权处分行为，其他共有人主张房屋买卖合同无效的，人民法院应根据《中华人民共和国物权法》第一百零六条第一款的规定进一步审查买受人是否构成善意取得。

广东省高级人民法院关于审理房屋买卖合同纠纷案件的指引（2017年9月12日）

十九、夫妻一方擅自出卖共有房屋，买受人要求继续履行合同办理房屋所有权转移登记的，人民法院应当依照《最高人民法院关于适用〈中华人民共和国民事诉讼法〉的解释》第七十三条的规定通知夫妻另一方作为共同被告参加诉讼。买受人也可以申请追加夫妻另一方作为共同被告参加诉讼。买卖合同因出卖人没有处分权不能履行的，人民法院可以向买受人释明变更诉讼请求为解除合同、赔偿损失。但有以下情形之一的，可以判决合同继续履行：

（一）夫妻另一方追认买卖合同的；

（二）买受人举证证明夫妻另一方知道而未表示反对的；

（三）买受人已经按照合同约定支付价款，并占有使用房屋，夫妻另一方未在合理期间提出异议的；

（四）有其他情形，可以认定买受人属于《最高人民法院关于适用〈中华人民共和国婚姻法〉若干问题的解释（一）》第十七条规定的“有理由相信其为夫妻双方共同意思表示的”。

夫妻一方擅自出卖登记在自己一方名下的共有房屋，已经办理所有权转移登记，另一方请求追回房屋的，依照善意取得的规定审查。

……

二十二、出卖人无处分权不影响房屋买卖合同的效力，但买卖合同属于合同法第一百一十条第一项规定的法律上不能履行的情形，买受人请求出卖人继续履行合同的，人民法院可以向其释明变更诉讼请求为解除合同、赔偿损失。

辽宁省沈阳市中级人民法院关于审理房地产案件若干问题的处理意见（之一）（2004年3月27日）

11．夫妻一方擅自出卖共有房屋合同效力的认定问题

如果买受人与夫妻一方恶意串通，损害另一方的利益，应当根据《合同法》52条2项的规定确定合同无效。

夫妻一方虽未经另一方同意而擅自出卖共同所有的房屋，如果买受人有理由相信出卖人的出卖行为系夫妻双方共同意思表示的，即买受人为善意有偿取得时，应当认定该买卖合同有效，另一方不得以不同意或不知道为由对抗买受人。

江苏省高级人民法院关于审理房地产合同纠纷案件若干问题的解答（征求意见稿）（2017年8月15日）

9．共有房屋无权处分的效力如何认定问题?

共有房屋一方以出卖人在缔约时未经其同意擅自处分房屋为由，主张房屋买卖合同无效的，人民法院不予支持。出卖人因未取得共有人同意致使标的物的所有权不能转移，买受人要求房屋出卖人承担违约责任或者要求解除合同并主张损害赔偿的，人民法院应予支持。

江苏省高级人民法院民一庭房屋买卖合同纠纷案件疑难问题法律适用研讨会综述（2004 年 11 月）

二、私房买卖合同纠纷案件疑难问题法律适用

2. 关于不动产登记公信力制度的保护范围

不动产登记具有权利正确性推定的作用和社会公信力。不动产登记簿上登记的不动产权利状况推定为实际的权利状况，即使是登记的权利状况于实际的权利状况不一致，法律仍保护善意的第三人对登记簿所公示的权利状况的信赖。善意的第三人可以取得相应的不动产的权利。但在买受人取得不动产权利之前，第三人主张对该房屋享有所有权，并主张该买卖合同无效，如果审查结果认为第三人确为真正的所有权人，如何保护买受人？该房屋买卖合同能否继续履行？

一种意见认为，不动产物权公信原则是指任何人因为相信登记记载的权利而与权利人从事了移转该权利的交易，该项交易应当受到保护。从法律规定来看，房屋既然登记在出卖人的名下，那么他就有处分权，因此买卖合同是有效的；从价值导向来看，既然要保护交易安全，就应当继续履行合同。至于实际权利人，可通过向出卖人主张返还不当得利的方式得到救济。

另一种意见认为，不动产登记的公信力制度要求在出卖人与买受人之间已经完成了物权转移。也就是说，在出卖人

与买受人之间尚未完成物权转移时，若经审查发现，原来出卖人并非真正的权利人，就无权处分该房屋，转让合同效力待定。既然真正的物权人主张权利，说明其对出卖人的处分行为持否认态度，是不追认的，该买卖合同为无效合同，因此也无继续履行的可能与必要。至于买受人的保护问题，可以通过追究出卖人的缔约过失责任、责令其赔偿买受人的信赖利益损失予以解决。

……

4. 关于处理夫妻共有房屋买卖纠纷的价值取向

夫妻如何行使财产权利，不仅关系到夫妻本人的利益，而且关系到与夫妻发生种种民事交往的第三人的利益。夫妻一方与他人订立买卖合同出卖共有房产，另一方却主张买卖合同无效，在保护夫妻另一方与交易相对人的合法权益之间，民事法官应当如何取舍？这确是审判实践中一个难题。

最高人民法院《关于适用〈中华人民共和国婚姻法〉若干问题的解释（一）》第十七条第二项规定：夫或妻非因日常生活需要对夫妻共同财产做重要处理决定，夫妻双方应当平等协商，取得一致意见。他人有理由相信其为夫妻双方共同意思表示的，另一方不得以不同意或不知道为由对抗善意第三人。但适用该规定时，谁应当对该“理由”承担举证责任？

与会代表一致认为，对该“理由”的举证责任，应当由买受人来承担，因为该“理由”是构成其善意信赖的客观基础，而买受人既然应当对其善意的信赖承担举证责任，当然应当对其据以信赖的客观基础即该“理由”承担举证责任，只有如此才能证明其信赖是善意的，这样才可以获得保护。这一点与夫妻之间约定财产制对外效力的证明责任不同。司法解释对后者采取的是有利于保护第三人的做法，即夫或妻若想以夫妻之间关于财产的约定来对抗第三人，举证责任在夫妻一方，其必须能够证明该第三人明确、清楚地知道夫妻之间的约定，才可以对抗第三人。因此，在因夫妻一方出卖共有房屋而引发的纠纷中，要注意保护夫妻关系中另一方的合法权益，防止片面强调保护交易安全而忽视保护夫或妻对共同共有的房屋的权利，特别是如果夫妻只有一套住房，且为必需的生活资料，在认定房屋买卖合同的效力时，必须从严掌握。

浙江省高级人民法院民一庭关于审理婚姻家庭案件若干问题的解答（2016 年 6 月 27 日）

七、夫妻一方于婚前订立房屋买卖合同并支付全部价款，房屋产权于婚后登记在该方名下，房屋性质如何认定？

答：夫妻一方于婚前订立房屋买卖合同并支付全部价款，产权于婚后登记在该方名下的，该房屋属于夫妻一方的个人财产。

五、“一房数卖”问题

核心规范

中华人民共和国合同法

第五十二条　有下列情形之一的，合同无效：

（一）一方以欺诈、胁迫的手段订立合同，损害国家利益；

（二）恶意串通，损害国家、集体或者第三人利益；

（三）以合法形式掩盖非法目的；

（四）损害社会公共利益；

（五）违反法律、行政法规的强制性规定。

最高人民法院关于适用《中华人民共和国合同法》若干问题的解释（二）

第十五条　出卖人就同一标的物订立多重买卖合同，合同均不具有合同法第五十二条规定的无效情形，买受人因不能按照合同约定取得标的物所有权，请求追究出卖人违约责任的，人民法院应予支持。

最高人民法院关于审理商品房买卖合同纠纷案件适用法律若干问题的解释

第七条　拆迁人与被拆迁人按照所有权调换形式订立拆迁补偿安置协议，明确约定拆迁人以位置、用途特定的房屋对被拆迁人予以补偿安置，如果拆迁人将该补偿安置房屋另行出卖给第三人，被拆迁人请求优先取得补偿安置房屋的，应予支持。

被拆迁人请求解除拆迁补偿安置协议的，按照本解释第八条的规定处理。

第八条　具有下列情形之一，导致商品房买卖合同目的不能实现的，无法取得房屋的买受人可以请求解除合同、返还已付购房款及利息、赔偿损失，并可以请求出卖人承担不超过已付购房款一倍的赔偿责任：

（一）商品房买卖合同订立后，出卖人未告知买受人又将该房屋抵押给第三人；

（二）商品房买卖合同订立后，出卖人又将该房屋出卖给第三人。

第九条　出卖人订立商品房买卖合同时，具有下列情形之一，导致合同无效或者被撤销、解除的，买受人可以请求返还已付购房款及利息、赔偿损失，并可以请求出卖人承担不超过已付购房款一倍的赔偿责任：

（一）故意隐瞒没有取得商品房预售许可证明的事实或者提供虚假商品房预售许可证明；

（二）故意隐瞒所售房屋已经抵押的事实；

（三）故意隐瞒所售房屋已经出卖给第三人或者为拆迁补偿安置房屋的事实。

第十条　买受人以出卖人与第三人恶意串通，另行订立商品房买卖合同并将房屋交付使用，导致其无法取得房屋为由，请求确认出卖人与第三人订立的商品房买卖合同无效的，应予支持。

裁判意见

第八次全国法院民事商事审判工作会议（民事部分）纪要 (2016 年 11 月 21 日)

15. 审理一房数卖纠纷案件时，如果数份合同均有效且买受人均要求履行合同的，一般应按照已经办理房屋所有权变更登记、合法占有房屋以及合同履行情况、买卖合同成立先后等顺序确定权利保护顺位。但恶意办理登记的买受人，其权利不能优先于已经合法占有该房屋的买受人。对买卖合同的成立时间，应综合主管机关备案时间、合同载明的签订时间以及其他证据确定。

北京市高级人民法院关于审理房屋买卖合同纠纷案件若干疑难问题的会议纪要（2014 年 12 月 16 日）

九、连环买卖中的合同效力

房屋连环买卖中，前一手房屋买卖合同被确认无效，并不必然影响后一手房屋买卖合同的效力，法院应当根据后一手买卖合同是否存在其他法定无效情形予以认定。但后一手买卖合同的买受人能否取得房屋权利，应当依据《物权法》第 106 条关于善意取得的规定进行处理。

……

十六、一房数卖中买受人的权利顺位

一房数卖中的数个买受人均要求继续履行房屋买卖合同的，应当依据《全国民事审判工作会议纪要》第二部分第（二）方面、《北京市高级人民法院关于审理房屋买卖合同纠纷案件适用法律若干问题的指导意见（试行）》第 13 条的规定确定权利保护顺位。在房屋查封期间占有房屋的买受人，其权利不能对抗在先查封房屋的买受人；办理商品房预售合同备案或房屋网签手续买受人的权利，不能对抗合法占有房屋的买受人。

买受人要求办理房屋过户登记的案件中，法院应当告知其可以申请对房屋采取保全措施，法院在必要时可以在查封房屋处张贴封条或者公告，并提取保存有关财产权证照。

北京市高级人民法院关于审理房屋买卖合同纠纷案件适用法律若干问题的指导意见（试行）（2010 年 12 月 22 日）

第十二条　当事人之间就转让同一房屋先后分别签订数份买卖合同，合同中关于房屋价款、履行方式等约定存在不一致，当事人就此产生争议的，应当依据当事人真实意思表示的合同约定继续履行。对于当事人在房屋买卖中确实存在规避税收征管、骗取贷款等行为的，必要时可一并建议相关行政主管部门予以处理。

第十三条　出卖人就同一房屋分别签订数份买卖合同，在合同均为有效的前提下，买受人均要求继续履行合同的，原则上应按照以下顺序确定履行合同的买受人：

（1）已经办理房屋所有权转移登记的；

（2）均未办理房屋所有权转移登记，已经实际合法占有房屋的；

（3）均未办理房屋所有权转移登记，又未合法占有房屋，应综合考虑各买受人实际付款数额的多少及先后、是否办理了网签、合同成立的先后等因素，公平合理的予以确定。

买受人中之一人起诉要求出卖人继续履行买卖合同，出卖人以房屋已转让给他人为由提出抗辩的，法院可以根据案件具体情况决定是否追加其他买受人作为第三人参加诉讼；

其他买受人另行提起诉讼要求继续履行合同的，应当依据前款原则协调处理。

第十四条　房屋经多次转手买卖，均未办理转移登记，终局买受人以前手出卖人为被告提起诉讼，要求办理房屋所有权转移登记的，法院可以依申请或根据案件具体情况追加登记权利人（第一手出卖人）作为第三人参加诉讼，经审查诉讼请求应予支持的，可以判决当事人依次办理房屋所有权转移登记，但当事人另有约定的除外。

对于参与中间流转的其他出卖人，法院可以根据案件具体情况决定是否追加其为第三人。

重庆市高级人民法院关于当前民事审判若干法律问题的指导意见（2007年11月22日）

38. 一房多卖情形的处理。出卖人将商品房数次出卖所签订的合同，只要不违反法律的禁止性规定，均是有效合同。不能履行的，依法承担违约责任。在此情形下，先办理商品房登记手续的买受人取得商品房的所有权；未进行房屋产权登记但开发商已交付的，已经合法取得商品房的买受人取得商品房的所有权，但出卖人和买受人之间恶意串通的除外；既未登记，又未合法占有商品房的，先行支付购房款的买受人取得商品房的所有权；如果合同均未履行，依法成立在先的买卖合同的买受人履行合同的请求应予以支持。

广东省高级人民法院关于审理房屋买卖合同纠纷案件的指引（2017年9月12日）

九、房屋连环买卖中，前一手买卖合同被确认无效，不影响后一手买卖合同的效力。后一手买卖合同的买受人能否取得房屋所有权，依照善意取得的规定处理。

……

二十四、出卖人就同一房屋签订多重买卖合同，在买卖合同均有效的情况下，买受人均要求继续履行合同的，一般应当按照下列情形分别处理：

（一）先行办理房屋所有权转移登记的买受人请求确认所有权已经转移的，应予支持；

（二）均未办理房屋所有权转移登记，先行办理房屋所有权转移预告登记的买受人在预告登记有效期内请求继续履行合同的，应予支持；

（三）均无上述履行行为，先行接受商品房交付的买受人请求继续履行合同的，应予支持；

（四）均无上述履行行为，登记机关已经受理其房屋所有权转移登记申请的买受人请求继续履行合同的，应予支持；

（五）均无上述履行行为，先行办理网上签约或者商品房预售合同备案的买受人请求继续履行合同的，应予支持；

（六）均无上述履行行为，先行依约支付价款的买受人请求继续履行合同的，应予支持；

（七）均无上述履行行为，成立在先合同的买受人请求继续履行合同的，应予支持。

恶意抢先办理所有权转移登记或者预告登记的买受人，不能优先于已经合法占有房屋的买受人。在房屋查封期间占有房屋的买受人，其权利不能对抗申请查封房屋的买受人。

对买卖合同的成立时间，应当综合主管机关备案时间、合同载明的签订时间以及其他证据等因素进行确定。

人民法院在审理房屋买卖合同纠纷案件时，查明还存在其他买卖合同关系的，应当通知其他买受人作为第三人参加诉讼。原告的诉讼请求明显不能成立，或者案件争议焦点不涉及原告与第三人权利先后顺序的，可以不通知该第三人。

二十五、房屋连环买卖均未办理所有权转移登记，最终买受人以其合同相对人为被告提起诉讼，请求协助办理房屋所有权转移登记的，人民法院可以通知参与房屋买卖的其他当事人作为第三人参加诉讼。

被告以及第三人不提出抗辩或者抗辩理由不成立的，可以判决当事人依次办理房屋所有权转移登记。第三人提出的抗辩理由成立的，人民法院可依照合同法第一百一十条第一项的规定驳回最终买受人的诉讼请求。

杭州市中级人民法院民一庭关于审理建设工程及房屋相关纠纷案件若干实务问题的解答（2010年11月1日）

第二部分　房屋买卖

四、在商品房“一房二卖”的案件中，合同均合法有效，也均未办理过户登记，但其中一位受让人已先行“合法占有”，现未能占有房屋的当事人起诉要求依法过户登记，应如何处理?

答：对此可以参照省高院《关于审理涉及房地产登记民事案件若干问题的意见》(试行)第八条的精神处理：即

1. 已经办理过商品房预售合同登记备案的买受人，请求履行合同的，应予以支持；

2. 均已或均未办理商品房预售合同登记备案，已先行合法占有房屋的买受人，请求履行合同的，应予支持；

3. 均已或均未办理商品房预售合同登记备案，亦未合法占有房屋，先行支付购房款的买受人，请求履行合同的，应予支持；

4. 均已或均未办理商品房预售合同登记备案，合同均未履行，合同登记备案在先或成立在先的买受人，请求履行合同的，应予支持。未能取得房屋的买受人请求解除合同的，按照《中华人民共和国合同法》、最高人民法院《关于审理商品房买卖合同纠纷案件适用法律若干问题的解释》的有关规定处理。

安徽省高级人民法院关于审理房屋买卖合同纠纷案件适用法律问题的指导意见（2012 年 3 月 5 日）

3. 出卖人就同一房屋分别与数个买受人签订买卖合同，在合同均为有效且买受人均主张出卖人履行合同转移房屋所有权的情况下，一般应按照以下顺序确定买受人的权利保护顺位：

（1）已经办理房屋所有权转移登记的；

（2）已经办理房屋所有权转移预告登记或合同备案手续的；

（3）已经合法占有房屋的；

（4）合同实际履行在先的；

（5）均未履行，合同成立在先的。

签订房屋买卖合同在先的买受人已经合法占有了房屋，出卖人又与后买受人签订合同并办理了房屋所有权转移登记，除非先买受人能够举证证明后买受人在签订合同及办理房屋所有权转移登记时知道或应当知道房屋已被其他买受人先行占有，仍应优先保护已经办理了房屋所有权转移登记的买受人。

辽宁省沈阳市中级人民法院关于审理房地产案件若干问题的处理意见（之二）（2004 年 12 月 2 日）

四、关于房产交易、土地、使用权转让合同效力问题

（十四）关于“一房二卖”合同的效力

“一房二卖”包括两种情况：1. 出卖人已将房屋交付并转移所有权给第一个买受人（已办理了房产证）后，又签订买卖合同出卖该房屋。在这种情况下，前一个房屋买卖合同已生效并履行，出卖人再与他人签订房屋买卖合同属于无权处分，按无权处分的规定处理，第二个买卖合同为效力待定合同。2. 出卖人尚未将房屋所有权转移给前买受人之前，又将该房屋出卖。根据现行法律、法规及司法解释的相关规定，两个买卖合同均应是有效合同。我国《民法通则》第七十二条、《合同法》第一百三十三条规定，标的物的所有权自标的物交付时起转移，但法律另有规定或者当事人另有约定的除外。另据《城市房地产管理法》第六十条及《城市房地产开发经营管理条例》等法律法规规定，房屋所有权的转移、变更应当办理登记。依此规定，我国房屋所有权移转以登记为准。据此，出卖人尚未将房屋所有权转移（即办理转移登记手续）给买受人之前，又将该房屋出卖，后一个合同亦属有效合同。合同标的物归属一般按以下原则处理：（1）已办理房屋产权过户登记手续的买受人取得房屋

所有权。(2)均未办理过户手续的，已接受交付的买受人取得房屋所有权。出卖人对另一合同相对人承担不能履行的违约责任，并赔偿相当损失。

山东省高级人民法院关于印发《全省民事审判工作座谈会纪要》的通知（2005年11月23日）

五、关于房地产纠纷案件的处理问题

（二）关于商品房数次买卖的处理问题。当前我国民事立法采用的是债权形式主义的物权变动模式，即当事人之间存在着有效的债权合同并办理了交付或者登记手续，才能产生物权变动的法律效果。出卖人将商品房数次出卖所签订的合同，不违反法律的禁止性规定，均应当是有效的合同。在此情形下，先办理商品房登记手续的买受人取得商品房的所有权；其次是出卖人先行交付，买受人已经合法取得商品房的买受人取得商品房的所有权，但出卖人和买受人之间恶意串通的除外；如果数买受人均未占有房屋，依法成立在先的买卖合同的买受人请求履行合同的请求应予以支持。

浙江省高级人民法院关于审理涉及房地产登记民事案件若干问题的意见（试行）（2009年4月16日）

第八条　商品房开发企业就同一商品房订立数个预售合同，在预售合同有效的情况下，买受人均要求履行合同的，按照以下情形分别处理：

（一）已经办理过商品房预售合同登记备案的买受人，请求履行合同的，应予支持；

（二）均已或均未办理商品房预售合同登记备案，已先行合法占有房屋的买受人，请求履行合同的，应予支持；

（三）均已或均未办理商品房预售合同登记备案，亦未合法占有房屋，先行支付购房款的买受人，请求履行合同的，应予支持；

（四）均已或均未办理商品房预售合同登记备案，合同均未履行，合同登记备案在先或成立在先的买受人，请求履行合同的，应予支持。

未能取得房屋的买受人请求解除合同的，按照《中华人民共和国合同法》、最高人民法院《关于审理商品房买卖合同纠纷案件适用法律若干问题的解释》的有关规定处理。

湖南省高级人民法院关于房屋买卖、租赁纠纷案件适用法律问题的指导意见（试行）（2008年1月4日）

四、出卖人以同一房屋与数人签订的房屋买卖合同都有效时，一般按以下顺序确定房屋所有权人：

（一）已经办理房屋产权过户登记手续的；

（二）在均未办理房屋产权过户登记手续的情况下，已经办理预告登记手续的；

（三）均未办理房屋产权过户登记、预告登记手续的，应综合考虑是否实际使用、添附、交付房款多少、签订合同时间先后等因素，公平合理确定所有权人。

对未能取得房屋所有权的买受人，出卖人应承担民事责任。

江苏省高级人民法院民一庭房屋买卖合同纠纷案件疑难问题法律适用研讨会综述（2004 年 11 月）

二、私房买卖合同纠纷案件疑难问题法律适用

……

3. 关于“一房两卖”纠纷中确定房屋产权归属的原则

“一物二卖”的问题，是一个在实践中经常会发生的问题。“一房两卖”的问题，即是其中一例。与会代表认为，只要不动产权利登记在出卖人名下，不论其出卖了几次，几个买卖合同都是有效的。若出卖人与后一买受人恶意串通，损害前一买受人利益的，则后一买卖合同应当确认为无效合同，由前一买受人取得房屋的所有权；若出卖人的后一出卖行为具备撤销权行使条件的，则前一买受人也可以行使债权人的撤销权，以保全其得以向出卖人主张的房屋交付请求权。

在数个买卖合同均有效的前提下，出卖人“一房两卖”甚至多卖的，若数个买受人均未办理产权过户登记手续，当其都要求实际履行合同、交付房屋时，如何处理？根据什么原则确定房屋产权的归属？

一种意见认为，应当结合一定的事实因素或者一定的社会政策来判断：如果数个买受人中，已经有人占有了该房屋并进行了装修添附，那么可以决定由占有的买受人取得房屋的所有权。这是经济效益原则的体现。如果买受人都没有实际占有房屋的，那么应由第一个订立买卖合同的买受人取得所有权。这是诚实信用原则的体现。

另一种意见认为，到底由谁取得房屋的所有权，应当由出卖人决定，即由出卖人选择向谁交付。这是意思自由原则的要求与体现，而且出卖人作出的这一选择，是以其将向其他未被选择的买受人承担违约责任为代价的，因此，对出卖人的这一选择，没有理由不予尊重。这一原则，可以概括为出卖人自由选择交付原则。

江苏省高级人民法院关于审理房地产合同纠纷案件若干问题的解答（征求意见稿）（2017 年 8 月 15 日）

24. 连环买卖如何处理?

买受人与出卖人签订商品房买卖合同后，未登记领取权属证书情况下与第三人签订房屋买卖合同的，第三人在买受人取得权属证书，请求买受人履行房屋买卖合同的，应予支持。第三人在买受人具备领取权属证书的条件，请求前手逐级办理房产过户手续的，予以支持。

……

26. 商品房一房数卖的顺位如何确定?

出卖人就同一商品房订立数个房屋买卖合同，数个房屋买卖合同均有效，买受人均要求履行合同的，按照以下情形分别处理：

（1）已经办理商品房预售合同预告登记的买受人，请求履行合同的，应予支持。但买受人自能够进行房屋权属登记之日起三个月内未申请登记的除外。

（2）均未办理商品房预售合同预告登记的，先行合法占有房屋的买受人，请求履行合同的，应予支持。

（3）均未办理商品房预售合同预告登记，亦未合法占有房屋，先行支付全部购房款的买受人，请求履行合同的，应予支持；

（4）均未办理商品房预售合同预告登记，合同也均未履行的，合同成立在先的买受人，请求履行合同的，应予支持。

六、购房指标转让

核心规范

中华人民共和国合同法

第五十二条　有下列情形之一的，合同无效：

（一）一方以欺诈、胁迫的手段订立合同，损害国家利益；

（二）恶意串通，损害国家、集体或者第三人利益；

（三）以合法形式掩盖非法目的；

（四）损害社会公共利益；

（五）违反法律、行政法规的强制性规定。

最高人民法院关于适用《中华人民共和国合同法》若干问题的解释（二）

第十四条　合同法第五十二条第（五）项规定的“强制性规定”，是指效力性强制性规定。

裁判意见

北京市高级人民法院关于审理房屋买卖合同纠纷案件若干疑难问题的会议纪要（2014 年 12 月 16 日）

五、购房指标转让合同的效力

当事人签订合同将房屋（包括拆迁安置用房等）的购买指标转让给他人，当事人一方主张转让合同无效的，一般不予支持，但当事人转让经济适用住房等政策性保障住房购房指标的除外。

湖南省高级人民法院关于房屋买卖、租赁纠纷案件适用法律问题的指导意见（试行）（2008 年 1 月 4 日）

三、转让购房指标的，只要不违反法律、行政法规的强制性规定，一般认定有效。

经出卖人同意，买受人将预约协议的权利义务转让给第三人的，一般应认定该转让行为有效。

江苏省高级人民法院关于审理房地产合同纠纷案件若干问题的解答（征求意见稿）（2017 年 8 月 15 日）

7. 转卖房号的效力如何认定?

当事人转卖房号的，因不违反法律、行政法规禁止性规定，该行为有效。但有证据证明当事人系以牟利为目的职业炒卖房号行为的，因违反社会公共利益，该炒卖房号行为应认定为无效。

七、限制交易房屋的转让

核心规范

中华人民共和国合同法

第五十二条　有下列情形之一的，合同无效：

（一）一方以欺诈、胁迫的手段订立合同，损害国家利益；

（二）恶意串通，损害国家、集体或者第三人利益；

（三）以合法形式掩盖非法目的；

（四）损害社会公共利益；

（五）违反法律、行政法规的强制性规定。

……

第五十六条　无效的合同或者被撤销的合同自始没有法律约束力。合同部分无效，不影响其他部分效力的，其他部分仍然有效。

第五十七条　合同无效、被撤销或者终止的，不影响合同中独立存在的有关解决争议方法的条款的效力。

第五十八条　合同无效或者被撤销后，因该合同取得的财产，应当予以返还；不能返还或者没有必要返还的，应当折价补偿。有过错的一方应当赔偿对方因此所受到的损失，双方都有过错的，应当各自承担相应的责任。

第五十九条　当事人恶意串通，损害国家、集体或者第三人利益的，因此取得的财产收归国家所有或者返还集体、第三人。

最高人民法院关于适用《中华人民共和国合同法》若干问题的解释（二）

第十四条　合同法第五十二条第（五）项规定的“强制性规定”，是指效力性强制性规定。

裁判意见

北京市高级人民法院关于审理房屋买卖合同纠纷案件若干疑难问题的会议纪要（2014 年 12 月 16 日）

第六条　相关政策、法规规定的限制上市交易期限内买卖已购经济适用住房，当事人主张买卖合同无效的，可予支持。政策、法规有新规定的，适用其规定。

出卖人转让的经济适用住房的原购房合同系 2008 年 4 月

11日（含）之前签订，当事人又在转让该已购房屋的合同中约定在限制上市交易期限届满后再办理房屋所有权转移登记或在一审法庭辩论终结前该房屋已具备上市交易条件的，可以认定合同有效。

经出卖人主张房屋买卖合同被确认无效的后果，适用《合同法》第五十八条的规定，并考虑居住安置问题妥善处理，在认定买受人所受损失数额时应当综合考虑出卖人因房屋升值获得的利益、买受人因此丧失的订约机会损失、买受人装修房屋的添附价值及双方的过错程度等因素，公平合理的予以确定。

第七条　出卖人转让已购按经济适用住房管理的房屋，当事人主张房屋买卖合同无效的，不予支持。

天津市高级人民法院关于审理房屋买卖合同纠纷案件若干问题的审判委员会纪要（2018年11月26日）

三、特殊产权房屋买卖

（一）公产房置换（买卖）合同相关问题

当事人之间因公产房（包括直管公产房屋、企业产房屋）承租权置换（买卖）发生争议提起诉讼的，应当作为民事案件立案受理。但家庭成员之间以置换（买卖）方式变更承租人发生争议提起民事诉讼的，不属于民事案件受案范围，人民法院应当告知其向相应的负责管理公产房屋的行政机关或授权的经营管理单位申请变更。

人民法院审理公产房（包括直管公产房屋、企业产房屋）承租权置换（买卖）纠纷案件，可以根据案件实际情况参照适用前述二手房买卖的相关规定处理。当事人依据承租权置换（买卖）合同主张继续履行承租人变更登记（承租权过户）等后续合同义务的，人民法院应当征询房屋产权单位、过户登记管理部门的意见，根据案件具体情况判决是否支持当事人的诉讼请求。

广东省高级人民法院关于审理房屋买卖合同纠纷案件的指引（2017年9月12日）

十六、当事人在规定的限制上市交易期限内买卖保障性住房，应当依照合同法第五十二条第四项或者民法总则第一百五十三条第二款的规定认定合同。

……

二十七、限购房屋的买受人请求出卖人协助办理房屋所有权转移登记的，人民法院应当按照《广东省高级人民法院 广东省住房和城乡建设厅 广东省司法厅关于在审判执行、办理公证工作中落实住房限购政策的意见》（粤高法〔2013〕403号），要求其在举证期限内提交房屋所在地房地产登记机构出具的《购房资格证明》。

杭州市中级人民法院民一庭关于审理建设工程及房屋相关纠纷案件若干实务问题的解答（2010年11月1日）

第二部分　房屋买卖

五、对涉及经济适用住房的产权移转及价值分割应如何处理?

答：1．经济适用住房所有权人在取得房屋所有权证之日起未满五年的，根据《杭州市经济适用住房交易办法》第三十一条的规定，此类房屋不得交易，并且依照《城市房地产管理法》第三十九的规定，划拨土地上的房地产转让，应报有批准权的人民政府审批。因此，对涉及该情形下的经济适用住房买卖合同应认定不发生法律效力。

2．当事人因继承、离婚、析产纠纷主张经济适用住房产权转移的，根据《杭州市经济适用住房交易办法》第三十二条的规定，可视情予以支持，涉及该房屋的价值分割的，应当在评估机构按照经济适用房交易标准作出价值评估后进行分割。

海南省高级人民法院关于办理商品房买卖合同纠纷案件的指导意见（试行）（2011年审判委员会第1次会议讨论通过）

五、关于涉“保障性住房”买卖纠纷

（一）关于经济适用住房买卖纠纷

15．因政府或政府指定的专门机构与不符合经济适用住房供应条件对象所签订的经济适用住房出售合同而产生的纠纷，依下列情况分别处理：

（1）合同签订于2007年8月7日《国务院关于解决城市低收入家庭住房困难的若干意见》（国发[2007]24号，下称国务院意见）实施前，且已履行完毕的，可以认定有效；一方请求解除的，不予支持。

（2）合同虽签订于国务院意见实施前，但国务院意见实施后尚未履行完毕的，可以认定有效。但购买人请求继续履行的，应以合同侵害社会公共利益为由不予支持。因解除合同而导致的损失，由双方按过错责任大小分担。

（3）合同签订于国务院意见实施后的，应当认定无效，因此而造成的损失按双方过错责任大小分担。

16. 因经济适用住房初始购买者与他人就经济适用住房所签订的买卖合同而产生的纠纷，区别下列情况分别处理：

（1）合同签订于国务院意见实施前，且已履行完毕的，可以认定有效；一方请求解除的，不予支持。

（2）合同虽签订于国务院意见实施前，但国务院意见实施后尚未履行完毕的，可以认定有效。但购买人请求继续履行的，不予支持。因解除合同而导致的损失，由双方按过错责任大小分担。

（3）合同签订于国务院意见实施后，依下列情形分别处理：

①经济适用房初始购买者就自取得房屋所有权证未满5年的经济适用住房与他人所签订的买卖合同无效，由此而造成的损失由双方当事人按过错责任大小分担。

②经济适用房初始购买者就自取得房屋所有权证满5年的经济适用住房与他人所签订的买卖合同，凡不存在违反法律、法规禁止性规定情形的，可以认定有效，但政府或政府指定的专门机构主张优先回购的除外。

经济适用住房初始购买者与他人所签订的经济适用住房买卖合同有效的，购房人有关产权的取得依相关规定办理。

（二）关于限价商品住房买卖纠纷

17. 因政府或政府指定的专门机构与不符合限价商品住房供应条件对象所签订的限价商品住房出售合同而产生的纠纷，依下列情况分别处理：

（1）合同签订于2010年8月31日《海南省人民政府关于加快发展保障性住房的意见》（琼府[2010]64号，下称海南省政府保障性住房意见）发布前，且已履行完毕的，可以认定有效；一方请求解除的，不予支持。

（2）合同虽签订于海南省政府保障性住房意见发布前，但海南省政府保障性住房意见发布后尚未履行完毕的，可以认定有效。但购买人请求继续履行的，应以合同侵害社会公共利益为由不予支持。因解除合同而导致的损失，由双方按过错责任大小分担。

（3）合同签订于海南省政府保障性住房意见发布后的，应当认定无效，因此而造成的损失按双方过错责任大小分担。

18. 因限价商品住房初始购买者与他人就限价商品住房所签订的买卖合同而产生的纠纷，区别下列情况分别处理：

（1）合同签订于海南省政府保障性住房意见发布前，且已履行完毕的，可以认定有效；一方请求解除的，不予支持。

（2）合同虽签订于海南省政府保障性住房意见发布前，但海南省政府保障性住房意见发布后尚未履行完毕的，可以认定有效。但购买人请求继续履行的，不予支持。因解除合同而导致的损失，由双方按过错责任大小分担。

（3）合同签订于海南省政府保障性住房意见发布后，依下列情形分别处理：

①限价商品住房初始购买者就自取得房屋所有权证未满5年的限价商品住房与他人所签订的买卖合同无效，由此而造成的损失由双方当事人按过错责任大小分担。

②限价商品房初始购买者就自取得房屋所有权证满5年的限价商品住房与他人所签订的买卖合同，凡不存在违反法

律、法规禁止性规定情形的，可以认定有效，但政府或政府指定的专门机构主张优先回购的除外。

限价商品住房初始购买者与他人所签订的限价商品住房买卖合同有效的，购房人有关产权的取得依相关规定办理。

（三）关于单位集资合作建房买卖纠纷

19. 单位就集资合作建房与不符合集资合作建房对象和不符合经济适用住房供应条件对象所签订的单位集资合作建房出售合同而产生的纠纷，依下列情况分别处理：

（1）合同签订于 2007 年 8 月 7 日《国务院关于解决城市低收入家庭住房困难的若干意见》（国发 [2007]24 号，下称国务院意见）实施前，且已履行完毕的，可以认定有效；一方请求解除的，不予支持。

（2）合同虽签订于国务院意见实施前，但国务院意见实施后尚未履行完毕的，可以认定有效。但购买人请求继续履行的，应以合同侵害社会公共利益为由不予支持。因解除合同而导致的损失，由双方按过错责任大小分担。

（3）合同签订于国务院意见实施后的，应当认定无效，因此而造成的损失按双方过错责任大小分担。

20. 因单位集资合作建房初始购买人与他人就单位集资合作建房所签订的买卖合同而产生的纠纷，区别下列情况分别处理：

（1）合同签订于国务院意见实施前，且已履行完毕的，可以认定有效；一方请求解除的，不予支持。

（2）合同虽签订于国务院意见实施前，但国务院意见实施后尚未履行完毕的，可以认定有效。但购买人请求继续履行的，不予支持。因解除合同而导致的损失，由双方按过错责任大小分担。

（3）合同签订于国务院意见实施后，依下列情形分别处理：

①单位集资合作建房初始购买人就自取得房屋所有权证未满5年的单位集资合作建房与他人所签订的买卖合同无效，由此而造成的损失由双方当事人按过错责任大小分担。

②单位集资合作建房初始购买人就自取得房屋所有权证满5年的单位集资合作建房与他人所签订的买卖合同，凡不存在违反法律、法规禁止性规定情形的，可以认定有效，但单位主张优先回购的除外。

单位集资合作建房初始购买人与他人所签订的单位集资合作建房买卖合同有效的，购房人有关产权的取得依相关规定办理。

21. 当事人因就是否符合经济适用房、限价商品房及单位集资合作建房购买条件向人民法院起诉的，不予受理；但应告知其向政府或政府有关部门申请解决。

辽宁省沈阳市中级人民法院关于审理房地产案件若干问题的处理意见（之二）（2004 年 12 月 2 日）

（一）关于未经产权人同意转让公有住房使用权行为的效力问题

公房承租使用权是我国特有的公房租赁制度的产物，公房承租使用权具有社会福利性质，多属承租人劳动剩余价值的再分配。与一般租赁合同承租使用权性质相比，二者虽均称为房屋承租使用权，但其产生的原因不同，从而导致其性质不同。公有住房使用权人在法律允许的范围内，对公有房屋享有的占有、使用、部分收益和有限处分的权利。这种权利应属于用益物权，系物权的一种，具有不可追夺的特征。使用权人在未经产权人同意的情况下转让公有住房使用权行为，并未改变房屋所有权的归属，不会对产权人的产权造成任何侵害，而且，我国目前尚无法律、法规禁止这种交易行为。北京、沈阳等地政府已允许公有住房使用权上市交易，并要求产权单位予以配合。允许公房使用权自由交易可以促使社会财富加速流通，产生更大效益。因此，应认定这种交易行为是合法有效的。

山东省高级人民法院关于印发《全省民事审判工作座谈会纪要》的通知（2005 年 11 月 23 日）

五、关于房地产纠纷案件的处理问题

（六）关于房改房屋纠纷的处理问题。从国家关于住房制度改革的政策规定来看，房改房在法律属性上实质就是将原来出租给职工的住房改为出卖给职工个人，即由原来的租赁法律关系转为买卖法律关系，是一种特殊的房屋买卖合同。其与一般房屋买卖合同有所不同的是，房改房的合同除当事人自行约定的内容外，还要受到房改政策的制约，不完全等同于以市场价格支付对价。由于房改的买卖合同涉及到我国现行的房改政策，所以因房改引发的纠纷，法院是否应当作为民事案件受理，一直是审判实践中有争论的问题。会议认为，涉及房改政策的房屋买卖合同纠纷的，人民法院是否应当受理，应当结合当事人提出的诉讼请求作出判断。如果当事人争议的事项是房屋买卖，属于平等民事主体之间的权益纠纷（如追索购房定金、购房款、办理过户手续及产权证书等），人民法院应当受理；如果当事人争议的事项为是否适用房改政策以及如何适用房改政策的（如职工是否应当参加房改、如何计算优惠条件等），不属于民事权益纠纷，人民法院不宜作为民事案件受理。

湖南省高级人民法院关于房屋买卖、租赁纠纷案件适用法律问题的指导意见（试行）（2008 年 1 月 4 日）

八、将经济适用房、安置房、安居工程用房转让，如所转让房屋不具备市场流通条件，当事人请求确认合同有效的，不予支持。

江苏省高级人民法院关于审理房地产合同纠纷案件若干问题的解答（征求意见稿）（2017 年 8 月 15 日）

13. 经济适用房买卖如何处理？

对于经济适用房买卖合同的效力，需要区分两种情形：

（1）购买 5 年内转让的合同效力。虽然《国务院关于解决城市低收入家庭住房困难的若干意见》和住建部等七部委发布的《经济适用住房管理办法》不属于法律、行政法规，但体现了国家对低收入群体的权益保护，体现了社会公共利益。购买经济适用房不满 5 年，经济适用房申购人与他人签订的经济适用房买卖合同，交付房屋的，或者约定 5 年后再行过户的，由于不符合经济适用房解决城市低收入家庭住房困难政策的目的，扰乱了社会秩序，损害了其他低收入群体的利益，应认定为违反社会公共利益，该买卖合同无效。当事人通过不正当手段办理经济适用房过户手续的，该行为应予以撤销。

（2）经济适用房购买 5 年后转让的合同效力。申购经济适用房 5 年后，申购人再行转让房屋的，此时经济适用房已可以流通，因此，经济适用房房屋买卖合同有效。当事人要求办理经济适用房过户手续的，应当按照政府相关规定补交土地收益。

对于经济适用房应当注意与拆迁安置房的区别，对于拆迁安置房，有的地方也称为经济适用房，规定五年后才能上市交易。但性质上而言，拆迁安置房与《经济适用住房管理办法》规定的经济适用房属于不同性质房屋，两者的政策目的及保护的法益不同。从性质上看，拆迁安置房系对被拆迁人的整体补偿，具有对价性；而经济适用房系保护城市低收入人群利益，具有保障性。从保护群体看，拆迁安置房包括农村房屋安置和城镇房屋安置，而经济适用房立足于对城市低收入人群的安置。因此，对于拆迁安置房买卖合同，并不涉及到扰乱社会公共利益的问题，应当认定为有效。只是不满五年转让的，具有不能履行的情形，当事人要求五年内过户的，不予支持。

14．合作开发商品房合同对内对外的效力如何认定?

商品房合作开发合同对商品房的内部划分或分成，不具有对抗第三人的效力。

合作开发的商品房权属登记在合作一方名下，该方将应归属于另一方的商品房出卖给第三人，合作另一方主张商品房买卖合同无效的，不予支持，除非第三人对此明知。

合作开发的商品房权属登记合作一方名下，合作另一方将约定归其所有的商品房在未办理权属变更登记情况下，直接与第三人签订商品房买卖合同的，该合同有效。

15．售后包租的效力如何认定?

出卖人采用售后包租方式销售商品房的，当事人主张售后包租行为无效的，人民法院不予支持，但符合《最高人民法院关于审理非法集资刑事案件具体应用法律若干问题的解释》第2条规定的除外。

八、借名买房问题

核心规范

中华人民共和国合同法

第五十二条　有下列情形之一的，合同无效：

（一）一方以欺诈、胁迫的手段订立合同，损害国家利益；

（二）恶意串通，损害国家、集体或者第三人利益；

（三）以合法形式掩盖非法目的；

（四）损害社会公共利益；

（五）违反法律、行政法规的强制性规定。

……

第一百一十条　当事人一方不履行非金钱债务或者履行非金钱债务不符合约定的，对方可以要求履行，但有下列情形之一的除外：

（一）法律上或者事实上不能履行；

（二）债务的标的不适于强制履行或者履行费用过高；

（三）债权人在合理期限内未要求履行。

裁判意见

北京市高级人民法院关于审理房屋买卖合同纠纷案件若干疑难问题的会议纪要（2014 年 12 月 16 日）

十、借名买房的认定和处理

借名人以出名人（登记人）为被告提起诉讼，要求确认房屋归其所有的，法院应当向其释明，告知其可以提起合同之诉，要求出名人为其办理房屋过户登记手续。

《北京市高级人民法院关于审理房屋买卖合同纠纷案件适用法律若干问题的指导意见（试行）》第 16 条规定中的政策性保障住房包括经济适用住房、两限房等保障中低收入家庭住房困难的房屋。借名人要求办理房屋过户登记手续，经审查借名购买的经济适用住房的原购房合同系 2008 年 4 月 11 日（含）之前签订的，可以参照前述指导意见第 6 条第 2 款的规定处理。

房屋腾退纠纷中，被告方以双方之间存在借名买房关系作为抗辩的，法院应当释明其可以提出反诉要求办理房屋过户登记手续，当事人坚持不反诉的，应就其抗辩是否成立进行审理并作出判定。

北京市高级人民法院关于审理房屋买卖合同纠纷案件适用法律若干问题的指导意见（试行）（2010年12月22日）

第十五条　当事人约定一方以他人名义购买房屋，并将房屋登记在他人名下，借名人实际享有房屋权益，借名人依据合同约定要求登记人（出名人）办理房屋所有权转移登记的，可予支持。但是，该房屋因登记人的债权人查封或其他原因依法不能办理转移登记，或者涉及善意交易第三人利益的除外。

当事人一方提供证据证明其对房屋的购买确实存在出资关系，但不足以证明双方之间存在借名登记的约定，其主张确认房屋归其所有或要求登记人办理房屋所有权转移登记的，不予支持；其向登记人另行主张出资债权的，应当根据出资的性质按照相关法律规定处理。

第十六条　借名人违反相关政策、法规的规定，借名购买经济适用住房等政策性保障住房，并登记在他人名下，借名人主张确认房屋归其所有或者依据双方之间的约定要求登记人办理房屋所有权转移登记的，一般不予支持。

第十七条　登记人将登记在其名下的房屋擅自转让给他人，借名人以其对房屋享有实际权利为由，要求确认买卖合同无效的，不予支持，但借名人能够证明买受人知道或应当知道房屋存在借名登记的除外。买受人、借名人均要求继续履行合同的，可以参照本意见第十三条第一款的规定处理。

上海市高级人民法院关于审理房产纠纷案件若干疑难问题的讨论纪要（1993 年 10 月 27 日）

24. 外国人、华侨、港、澳、台胞借我国居民名义以人民币购买内销房的，应确认合同系规避法律的行为，诉讼中可将系争房屋拍卖，发还境外人原出资部分，增值部分依法予以收缴。

25. 无当地户口的人和单位购买城镇、郊区商品房屋的，符合本地房屋买卖法规规定的，可以认定买卖有效。无当地户口的人或单位借用他人名义购买城镇、郊区商品房的可根据本地区有关规定酌情处理。

广东省高级人民法院关于审理房屋买卖合同纠纷案件的指引（2017 年 9 月 12 日）

二十八、借他人名义购买房屋，借名人请求确认房屋归其所有的，不予支持。借名人请求出名人（登记权利人）协助办理房屋所有权转移登记的，可予支持，但房屋在限购范围内，借名人不具有购房资格的除外。

出名人将房屋出卖给第三人，借名人以无权处分为由主张追回房屋的，不予支持。

江苏省高级人民法院执行异议及执行异议之诉案件审理指南（二）（2019年2月26日）

四、案外人基于借名买房提起的执行异议之诉案件的处理

14. 金钱债权执行中，执行法院对案涉房屋采取查封措施后，案外人以其与被执行人存在借名买房关系，且系房屋实际所有权人为由提出异议的，应裁定驳回异议。由此引发的执行异议之诉案件，应驳回其诉讼请求。

15. 金钱债权执行中，执行法院对登记在被执行人名下的房屋采取强制执行措施，案外人与被执行人为套取银行贷款而虚构房屋买卖事实订立买卖合同的，该案外人以其系房屋实际所有权人为由，提起执行异议之诉，请求排除对该房屋执行的，不予支持。

江苏省高级人民法院关于审理房地产合同纠纷案件若干问题的解答（征求意见稿）（2017年8月15日）

23. 借名买房如何处理？

当事人约定一方以他人名义购买房屋，并将房屋登记在他人名下，借名人实际享有房屋权益，借名人要求确认其权属的，人民法院不予支持。借名人依据合同约定要求登记人（出名人）办理房屋所有权转移登记的，可予支持。但是，该房屋因登记人的债权人查封或其他原因依法不能办理转移登记，或者涉及善意交易第三人利益的除外。

当事人一方提供证据证明其对房屋的购买确实存在出资关系，但不足以证明双方之间存在借名登记的约定，其主张要求登记人办理房屋所有权转移登记的，不予支持；其向登记人另行主张出资债权的，应当根据出资的性质按照相关法律规定处理。

【说明】有观点认为，从真实意思表示出发，应支持借名人的确权主张。本条维护物权登记的公示公信效力，不支持直接确权的主张。

九、阴阳合同问题

核心规范

中华人民共和国民法总则

第一百四十三条　具备下列条件的民事法律行为有效：

（一）行为人具有相应的民事行为能力；

（二）意思表示真实；

（三）不违反法律、行政法规的强制性规定，不违背公序良俗。

……

第一百五十三条　违反法律、行政法规的强制性规定的民事法律行为无效，但是该强制性规定不导致该民事法律行为无效的除外。

违背公序良俗的民事法律行为无效。

中华人民共和国合同法

第五十二条　有下列情形之一的，合同无效：

（一）一方以欺诈、胁迫的手段订立合同，损害国家利益；

（二）恶意串通，损害国家、集体或者第三人利益；

（三）以合法形式掩盖非法目的；

（四）损害社会公共利益；

（五）违反法律、行政法规的强制性规定。

……

第六十条　当事人应当按照约定全面履行自己的义务。

当事人应当遵循诚实信用原则，根据合同的性质、目的和交易习惯履行通知、协助、保密等义务。

第六十一条　合同生效后，当事人就质量、价款或者报酬、履行地点等内容没有约定或者约定不明确的，可以协议补充；不能达成补充协议的，按照合同有关条款或者交易习惯确定。

第六十二条　当事人就有关合同内容约定不明确，依照本法第六十一条的规定仍不能确定的，适用下列规定：

（一）质量要求不明确的，按照国家标准、行业标准履行；没有国家标准、行业标准的，按照通常标准或者符合合同目的的特定标准履行。

（二）价款或者报酬不明确的，按照订立合同时履行地的市场价格履行；依法应当执行政府定价或者政府指导价的，按照规定履行。

（三）履行地点不明确，给付货币的，在接受货币一方所在地履行；交付不动产的，在不动产所在地履行；其他标的，在履行义务一方所在地履行。

（四）履行期限不明确的，债务人可以随时履行，债权人也可以随时要求履行，但应当给对方必要的准备时间。

（五）履行方式不明确的，按照有利于实现合同目的的方式履行。

（六）履行费用的负担不明确的，由履行义务一方负担。

最高人民法院关于适用《中华人民共和国合同法》若干问题的解释（二）

第十四条　合同法第五十二条第（五）项规定的“强制性规定”，是指效力性强制性规定。

裁判意见

北京市高级人民法院关于审理房屋买卖合同纠纷案件若干疑难问题的会议纪要（2014 年 12 月 16 日）

四、房屋买卖中阳合同的效力

当事人在房屋买卖合同（包括双方已经签字的网签合同）中为规避国家税收监管故意隐瞒真实的交易价格，该价格条款无效，但该条款无效不影响合同其他部分的效力。当事人以逃避国家税收为由，要求确认买卖合同全部无效的，不予支持。

当事人对房屋买卖合同（包括双方已经签字的网签合同）的效力及履行存在争议，经审查其名为房屋买卖，实为赠与等其他法律行为的，应根据隐藏法律行为的性质进行处理。

天津市高级人民法院关于审理房屋买卖合同纠纷案件若干问题的审判委员会纪要（2018 年 11 月 26 日）

二、二手房买卖相关问题

（一）关于合同效力的认定问题

当事人之间就同一房屋先后签订数份买卖合同，因该数份合同中关于房屋价款、履行方式、履行期限等实质性内容的约定不一致而产生争议的，人民法院应当综合考虑合同实际履行情况、同类房屋市场交易价格等因素，按照公平和诚信原则，确定当事人的真实意思表示。

上海市高级人民法院关于审理“二手房”买卖案件若干问题的解答（2005 年 12 月 16 日）

8. 当事人分别签订了几份买卖合同，但约定的房价不一致。现当事人对于房屋成交价格产生争议，如何认定？

答：对于前后合同约定的房价不一致这一情况，根据后合同优先于前合同的原则，原则上应以后订立的合同为准。如一方当事人确有证据证明双方为规避纳税、骗取贷款等，而故意在此后的《上海市房地产买卖合同》等合同中订立虚假价格的，因该项变更非双方变更房价的真实意思，且具有非法目的，不应予以认定，仍应以前合同约定的成交价履行。

判断时，除由提出异议方承担举证责任外，还应结合前后合同签订后的履行情况、前后合同约定的成交价与市场价格的差距大小、合同登记备案情况等综合判断。此外，对于当事人确存在规避纳税、骗取贷款等行为的，可一并建议相关部门予以处理。

上海市高级人民法院关于审理房产纠纷案件若干疑难问题的讨论纪要（1993年10月27日）

21．双方自愿，依法订立房屋买卖合同并已实际交付房屋和房价款的，虽未办理所有权转移登记手续，应认定双方买卖合同有效，并责令双方到房管部门补办手续。

山东省高级人民法院关于印发全省民事审判工作会议纪要的通知（2011年12月2日）

二、关于房地产纠纷案件

（十）关于房屋买卖中“黑白合同”的认定问题

房地产交易中，有些当事人为规避国家税收法律和税收监管，出卖人和买受人通常签订两份价格不同的买卖合同，其中用一份价格较低的合同到有关行政主管部门备案，另一份价格较高的合同为真实的交易价格并实际履行的合同。出卖人与买受人签订两份价格不一致的房屋买卖合同，应以双方实际履行的合同确定各自的权利义务。

江苏省高级人民法院关于审理房地产合同纠纷案件若干问题的解答（征求意见稿）（2017年8月15日）

6. 签订“阴阳合同”的如何处理？

为避税、套取银行贷款等网签的房屋买卖合同属于双方通谋虚伪的意思表示，应认定为无效，以双方当事人实际履行的房屋买卖合同为准。

……

21. 出卖人、买受人与中介机构三方签订的合同的性质如何认定？

出卖人、买受人与房地产中介机构三方签订的中介合同中，具备了商品房买卖合同主要内容的，应认定该合同中包含房屋居间和房屋买卖两个法律关系。当事人可以就房屋居间和房屋买卖两个法律关系分别提起诉讼，也可以就两个法律关系同时提起诉讼。

安徽省高级人民法院关于审理房屋买卖合同纠纷案件适用法律问题的指导意见（2012年3月5日）

11. 当事人之间就同一房屋分别签订数份买卖合同，因该数份合同中关于房屋价款、履行方式、履行期限等实质性内容的约定不一致而产生争议的，人民法院应当综合考虑合同签订时间的先后、实际履行情况、同类房屋市场交易价等因素，确定当事人的真实意思，认定应予履行的合同。

广东省高级人民法院关于审理房屋买卖合同纠纷案件的指引（2017年9月12日）

十八、当事人在提交登记机关的房屋买卖合同中虚构交易价格，该价格条款无效。一方请求按照真实的交易价格履行合同的，应予支持。

当事人在提交登记机关的房屋买卖合同中虚构交易价格，登记机关按照真实价格核算或者追缴税费，导致交易税费增加，对增加部分税费的负担当事人不能协商一致的，一般由当事人按照法律规定负担。

十、抵押权与房屋买卖

核心规范

中华人民共和国合同法

第一百一十条　当事人一方不履行非金钱债务或者履行非金钱债务不符合约定的，对方可以要求履行，但有下列情形之一的除外：

（一）法律上或者事实上不能履行；

（二）债务的标的不适于强制履行或者履行费用过高；

（三）债权人在合理期限内未要求履行。

中华人民共和国物权法

第一百七十九条　为担保债务的履行，债务人或者第三人不转移财产的占有，将该财产抵押给债权人的，债务人不履行到期债务或者发生当事人约定的实现抵押权的情形，债权人有权就该财产优先受偿。

前款规定的债务人或者第三人为抵押人，债权人为抵押权人，提供担保的财产为抵押财产。

第一百八十条　债务人或者第三人有权处分的下列财产可以抵押：

（一）建筑物和其他土地附着物；

（二）建设用地使用权；

（三）以招标、拍卖、公开协商等方式取得的荒地等土地承包经营权；

（四）生产设备、原材料、半成品、产品；

（五）正在建造的建筑物、船舶、航空器；

（六）交通运输工具；

（七）法律、行政法规未禁止抵押的其他财产。

抵押人可以将前款所列财产一并抵押。

第一百八十一条　经当事人书面协议，企业、个体工商户、农业生产经营者可以将现有的以及将有的生产设备、原材料、半成品、产品抵押，债务人不履行到期债务或者发生当事人约定的实现抵押权的情形，债权人有权就实现抵押权时的动产优先受偿。

第一百八十二条　以建筑物抵押的，该建筑物占用范围内的建设用地使用权一并抵押。以建设用地使用权抵押的，该土地上的建筑物一并抵押。

抵押人未依照前款规定一并抵押的，未抵押的财产视为一并抵押。

第一百八十三条　乡镇、村企业的建设用地使用权不得单独抵押。以乡镇、村企业的厂房等建筑物抵押的，其占用范围内的建设用地使用权一并抵押。

第一百八十四条　下列财产不得抵押：

（一）土地所有权；

（二）耕地、宅基地、自留地、自留山等集体所有的土地使用权，但法律规定可以抵押的除外；

（三）学校、幼儿园、医院等以公益为目的的事业单位、社会团体的教育设施、医疗卫生设施和其他社会公益设施；

（四）所有权、使用权不明或者有争议的财产；

（五）依法被查封、扣押、监管的财产；

（六）法律、行政法规规定不得抵押的其他财产。

第一百八十五条　设立抵押权，当事人应当采取书面形式订立抵押合同。

抵押合同一般包括下列条款：

（一）被担保债权的种类和数额；

（二）债务人履行债务的期限；

（三）抵押财产的名称、数量、质量、状况、所在地、所有权归属或者使用权归属；

（四）担保的范围。

第一百八十六条　抵押权人在债务履行期届满前，不得与抵押人约定债务人不履行到期债务时抵押财产归债权人所有。

第一百八十七条　以本法第一百八十条第一款第一项至第三项规定的财产或者第五项规定的正在建造的建筑物抵押的，应当办理抵押登记。抵押权自登记时设立。

第一百八十八条　以本法第一百八十条第一款第四项、第六项规定的财产或者第五项规定的正在建造的船舶、航空器抵押的，抵押权自抵押合同生效时设立；未经登记，不得对抗善意第三人。

第一百八十九条　企业、个体工商户、农业生产经营者以本法第一百八十一条规定的动产抵押的，应当向抵押人住所地的工商行政管理部门办理登记。抵押权自抵押合同生效时设立；未经登记，不得对抗善意第三人。

依照本法第一百八十一条规定抵押的，不得对抗正常经营活动中已支付合理价款并取得抵押财产的买受人。

第一百九十条　订立抵押合同前抵押财产已出租的，原租赁关系不受该抵押权的影响。抵押权设立后抵押财产出租的，该租赁关系不得对抗已登记的抵押权。

第一百九十一条　抵押期间，抵押人经抵押权人同意转让抵押财产的，应当将转让所得的价款向抵押权人提前清偿债务或者提存。转让的价款超过债权数额的部分归抵押人所有，不足部分由债务人清偿。

抵押期间，抵押人未经抵押权人同意，不得转让抵押财产，但受让人代为清偿债务消灭抵押权的除外。

第一百九十二条　抵押权不得与债权分离而单独转让或者作为其他债权的担保。债权转让的，担保该债权的抵押权一并转让，但法律另有规定或者当事人另有约定的除外。

第一百九十三条　抵押人的行为足以使抵押财产价值减少的，抵押权人有权要求抵押人停止其行为。抵押财产价值减少的，抵押权人有权要求恢复抵押财产的价值，或者提供与减少的价值相应的担保。抵押人不恢复抵押财产的价值也不提供担保的，抵押权人有权要求债务人提前清偿债务。

第一百九十四条　抵押权人可以放弃抵押权或者抵押权的顺位。抵押权人与抵押人可以协议变更抵押权顺位以及被担保的债权数额等内容，但抵押权的变更，未经其他抵押权人书面同意，不得对其他抵押权人产生不利影响。

债务人以自己的财产设定抵押，抵押权人放弃该抵押权、抵押权顺位或者变更抵押权的，其他担保人在抵押权人丧失优先受偿权益的范围内免除担保责任，但其他担保人承诺仍然提供担保的除外。

第一百九十五条　债务人不履行到期债务或者发生当事人约定的实现抵押权的情形，抵押权人可以与抵押人协议以抵押财产折价或者以拍卖、变卖该抵押财产所得的价款优先受偿。协议损害其他债权人利益的，其他债权人可以在知道或者应当知道撤销事由之日起一年内请求人民法院撤销该协议。

抵押权人与抵押人未就抵押权实现方式达成协议的，抵押权人可以请求人民法院拍卖、变卖抵押财产。

抵押财产折价或者变卖的，应当参照市场价格。

第一百九十六条　依照本法第一百八十一条规定设定抵押的，抵押财产自下列情形之一发生时确定：

（一）债务履行期届满，债权未实现；

（二）抵押人被宣告破产或者被撤销；

（三）当事人约定的实现抵押权的情形；

（四）严重影响债权实现的其他情形。

第一百九十七条　债务人不履行到期债务或者发生当事人约定的实现抵押权的情形，致使抵押财产被人民法院依法扣押的，自扣押之日起抵押权人有权收取该抵押财产的天然孳息或者法定孳息，但抵押权人未通知应当清偿法定孳息的义务人的除外。

前款规定的孳息应当先充抵收取孳息的费用。

第一百九十八条　抵押财产折价或者拍卖、变卖后，其价款超过债权数额的部分归抵押人所有，不足部分由债务人清偿。

第一百九十九条　同一财产向两个以上债权人抵押的，拍卖、变卖抵押财产所得的价款依照下列规定清偿：

（一）抵押权已登记的，按照登记的先后顺序清偿；顺序相同的，按照债权比例清偿；

（二）抵押权已登记的先于未登记的受偿；

（三）抵押权未登记的，按照债权比例清偿。

第二百条　建设用地使用权抵押后，该土地上新增的建筑物不属于抵押财产。该建设用地使用权实现抵押权时，应当将该土地上新增的建筑物与建设用地使用权一并处分，但新增建筑物所得的价款，抵押权人无权优先受偿。

第二百零一条　依照本法第一百八十条第一款第三项规定的土地承包经营权抵押的，或者依照本法第一百八十三条规定以乡镇、村企业的厂房等建筑物占用范围内的建设用地使用权一并抵押的，实现抵押权后，未经法定程序，不得改变土地所有权的性质和土地用途。

第二百零二条　抵押权人应当在主债权诉讼时效期间行使抵押权；未行使的，人民法院不予保护。

中华人民共和国担保法

第三十三条　本法所称抵押，是指债务人或者第三人不转移对本法第三十四条所列财产的占有，将该财产作为债权的担保。债务人不履行债务时，债权人有权依照本法规定以该财产折价或者以拍卖、变卖该财产的价款优先受偿。

前款规定的债务人或者第三人为抵押人，债权人为抵押权人，提供担保的财产为抵押物。

第三十四条　下列财产可以抵押：

（一）抵押人所有的房屋和其他地上定着物；

（二）抵押人所有的机器、交通运输工具和其他财产；

（三）抵押人依法有权处分的国有的土地使用权、房屋和其他地上定着物；

（四）抵押人依法有权处分的国有的机器、交通运输工具和其他财产；

（五）抵押人依法承包并经发包方同意抵押的荒山、荒沟、荒丘、荒滩等荒地的土地使用权；

（六）依法可以抵押的其他财产。

抵押人可以将前款所列财产一并抵押。

第三十五条　抵押人所担保的债权不得超出其抵押物的价值。

财产抵押后，该财产的价值大于所担保债权的余额部分，可以再次抵押，但不得超出其余额部分。

第三十六条　以依法取得的国有土地上的房屋抵押的，

该房屋占用范围内的国有土地使用权同时抵押。

以出让方式取得的国有土地使用权抵押的，应当将抵押时该国有土地上的房屋同时抵押。

乡（镇）、村企业的土地使用权不得单独抵押。以乡（镇）、村企业的厂房等建筑物抵押的，其占用范围内的土地使用权同时抵押。

第三十七条　下列财产不得抵押：

（一）土地所有权；

（二）耕地、宅基地、自留地、自留山等集体所有的土地使用权，但本法第三十四条第（五）项、第三十六条第三款规定的除外；

（三）学校、幼儿园、医院等以公益为目的的事业单位、社会团体的教育设施、医疗卫生设施和其他社会公益设施；

（四）所有权、使用权不明或者有争议的财产；

（五）依法被查封、扣押、监管的财产；

（六）依法不得抵押的其他财产。

第三十八条　抵押人和抵押权人应当以书面形式订立抵押合同。

第三十九条　抵押合同应当包括以下内容：

（一）被担保的主债权种类、数额；

（二）债务人履行债务的期限；

（三）抵押物的名称、数量、质量、状况、所在地、所有权权属或者使用权权属；

（四）抵押担保的范围；

（五）当事人认为需要约定的其他事项。

抵押合同不完全具备前款规定内容的，可以补正。

第四十条　订立抵押合同时，抵押权人和抵押人在合同中不得约定在债务履行期届满抵押权人未受清偿时，抵押物的所有权转移为债权人所有。

第四十一条　当事人以本法第四十二条规定的财产抵押的，应当办理抵押物登记，抵押合同自登记之日起生效。

第四十二条　办理抵押物登记的部门如下：

（一）以无地上定着物的土地使用权抵押的，为核发土地使用权证书的土地管理部门；

（二）以城市房地产或者乡（镇）、村企业的厂房等建筑物抵押的，为县级以上地方人民政府规定的部门；

（三）以林木抵押的，为县级以上林木主管部门；

（四）以航空器、船舶、车辆抵押的，为运输工具的登记部门；

（五）以企业的设备和其他动产抵押的，为财产所在地的工商行政管理部门。

第四十三条　当事人以其他财产抵押的，可以自愿办理抵押物登记，抵押合同自签订之日起生效。

当事人未办理抵押物登记的，不得对抗第三人。当事人办理抵押物登记的，登记部门为抵押人所在地的公证部门。

第四十四条　办理抵押物登记，应当向登记部门提供下列文件或者其复印件：

（一）主合同和抵押合同；

（二）抵押物的所有权或者使用权证书。

第四十五条　登记部门登记的资料，应当允许查阅、抄录或者复印。

第四十六条　抵押担保的范围包括主债权及利息、违约金、损害赔偿金和实现抵押权的费用。抵押合同另有约定的，按照约定。

第四十七条　债务履行期届满，债务人不履行债务致使抵押物被人民法院依法扣押的，自扣押之日起抵押权人有权收取由抵押物分离的天然孳息以及抵押人就抵押物可以收取的法定孳息。抵押权人未将扣押抵押物的事实通知应当清偿法定孳息的义务人的，抵押权的效力不及于该孳息。

前款孳息应当先充抵收取孳息的费用。

第四十八条　抵押人将已出租的财产抵押的，应当书面告知承租人，原租赁合同继续有效。

第四十九条　抵押期间，抵押人转让已办理登记的抵押物的，应当通知抵押权人并告知受让人转让物已经抵押的情况；抵押人未通知抵押权人或者未告知受让人的，转让行为无效。

转让抵押物的价款明显低于其价值的，抵押权人可以要求抵押人提供相应的担保；抵押人不提供的，不得转让抵押物。

抵押人转让抵押物所得的价款，应当向抵押权人提前清偿所担保的债权或者向与抵押权人约定的第三人提存。超过债权数额的部分，归抵押人所有，不足部分由债务人清偿。

第五十条　抵押权不得与债权分离而单独转让或者作为其他债权的担保。

第五十一条　抵押人的行为足以使抵押物价值减少的，抵押权人有权要求抵押人停止其行为。抵押物价值减少时，抵押权人有权要求抵押人恢复抵押物的价值，或者提供与减少的价值相当的担保。

抵押人对抵押物价值减少无过错的，抵押权人只能在抵押人因损害而得到的赔偿范围内要求提供担保。抵押物价值未减少的部分，仍作为债权的担保。

第五十二条　抵押权与其担保的债权同时存在，债权消灭的，抵押权也消灭。

第五十三条　债务履行期届满抵押权人未受清偿的，可以与抵押人协议以抵押物折价或者以拍卖、变卖该抵押物所得的价款受偿；协议不成的，抵押权人可以向人民法院提起诉讼。

抵押物折价或者拍卖、变卖后，其价款超过债权数额的部分归抵押人所有，不足部分由债务人清偿。

第五十四条　同一财产向两个以上债权人抵押的，拍卖、变卖抵押物所得的价款按照以下规定清偿：

（一）抵押合同以登记生效的，按照抵押物登记的先后顺序清偿；顺序相同的，按照债权比例清偿；

（二）抵押合同自签订之日起生效的，该抵押物已登记的，按照本条第（一）项规定清偿；未登记的，按照合同生效时间的先后顺序清偿，顺序相同的，按照债权比例清偿。抵押物已登记的先于未登记的受偿。

第五十五条　城市房地产抵押合同签订后，土地上新增的房屋不属于抵押物。需要拍卖该抵押的房地产时，可以依法将该土地上新增的房屋与抵押物一同拍卖，但对拍卖新增房屋所得，抵押权人无权优先受偿。

依照本法规定以承包的荒地的土地使用权抵押的，或者以乡（镇）、村企业的厂房等建筑物占用范围内的土地使用权抵押的，在实现抵押权后，未经法定程序不得改变土地集体所有和土地用途。

第五十六条　拍卖划拨的国有土地使用权所得的价款，在依法缴纳相当于应缴纳的土地使用权出让金的款额后，抵押权人有优先受偿权。

第五十七条　为债务人抵押担保的第三人，在抵押权人实现抵押权后，有权向债务人追偿。

第五十八条　抵押权因抵押物灭失而消灭。因灭失所得的赔偿金，应当作为抵押财产。

最高人民法院关于适用《中华人民共和国担保法》若干问题的解释

第四十七条　以依法获准尚未建造的或者正在建造中的房屋或者其他建筑物抵押的，当事人办理了抵押物登记，人民法院可以认定抵押有效。

第四十八条　以法定程序确认为违法、违章的建筑物抵押的，抵押无效。

第四十九条　以尚未办理权属证书的财产抵押的，在第一审法庭辩论终结前能够提供权利证书或者补办登记手续的，可以认定抵押有效。

当事人未办理抵押物登记手续的，不得对抗第三人。

第五十条　以担保法第三十四条第一款所列财产一并抵押的，抵押财产的范围应当以登记的财产为准。抵押财产的价值在抵押权实现时予以确定。

第五十一条　抵押人所担保的债权超出其抵押物价值的，超出的部分不具有优先受偿的效力。

第五十二条　当事人以农作物和与其尚未分离的土地使用权同时抵押的，土地使用权部分的抵押无效。

第五十三条　学校、幼儿园、医院等以公益为目的的事业单位、社会团体，以其教育设施、医疗卫生设施和其他社会公益设施以外的财产为自身债务设定抵押的，人民法院可以认定抵押有效。

第五十四条　按份共有人以其共有财产中享有的份额设定抵押的，抵押有效。

共同共有人以其共有财产设定抵押，未经其他共有人的同意，抵押无效。但是，其他共有人知道或者应当知道而未提出异议的视为同意，抵押有效。

第五十五条　已经设定抵押的财产被采取查封、扣押等财产保全或者执行措施的，不影响抵押权的效力。

第五十六条　抵押合同对被担保的主债权种类、抵押财产没有约定或者约定不明，根据主合同和抵押合同不能补正或者无法推定的，抵押不成立。

法律规定登记生效的抵押合同签订后，抵押人违背诚实信用原则拒绝办理抵押登记致使债权人受到损失的，抵押人应当承担赔偿责任。

第五十七条　当事人在抵押合同中约定，债务履行期届满抵押权人未受清偿时，抵押物的所有权转移为债权人所有的内容无效。该内容的无效不影响抵押合同其他部分内容的效力。

债务履行期届满后抵押权人未受清偿时，抵押权人和抵押人可以协议以抵押物折价取得抵押物。但是，损害顺序在后的担保物权人和其他债权人利益的，人民法院可以适用合同法第七十四条、第七十五条的有关规定。

第五十八条　当事人同一天在不同的法定登记部门办理抵押物登记的，视为顺序相同。

因登记部门的原因致使抵押物进行连续登记的，抵押物第一次登记的日期，视为抵押登记的日期，并依此确定抵押权的顺序。

第五十九条　当事人办理抵押物登记手续时，因登记部门的原因致使其无法办理抵押物登记，抵押人向债权人交付权利凭证的，可以认定债权人对该财产有优先受偿权。但是，未办理抵押物登记的，不得对抗第三人。

第六十条　以担保法第四十二条第（二）项规定的不动产抵押的，县级以上地方人民政府对登记部门未作规定，当事人在土地管理部门或者房产管理部门办理了抵押物登记手续，人民法院可以确认其登记的效力。

第六十一条　抵押物登记记载的内容与抵押合同约定的内容不一致的，以登记记载的内容为准。

第六十二条　抵押物因附合、混合或者加工使抵押物的所有权为第三人所有的，抵押权的效力及于补偿金；抵押物所有人为附合物、混合物或者加工物的所有人的，抵押权的效力及于附合物、混合物或者加工物；第三人与抵押物所有人为附合物、混合物或者加工物的共有人的，抵押权的效力及于抵押人对共有物享有的份额。

第六十三条　抵押权设定前为抵押物的从物的，抵押权的效力及于抵押物的从物。但是，抵押物与其从物为两个以上的人分别所有时，抵押权的效力不及于抵押物的从物。

第六十四条　债务履行期届满，债务人不履行债务致使抵押物被人民法院依法扣押的，自扣押之日起抵押权人收取的由抵押物分离的天然孳息和法定孳息，按照下列顺序清偿：

（一）收取孳息的费用；

（二）主债权的利息；

（三）主债权。

第六十五条　抵押人将已出租的财产抵押的，抵押权实现后，租赁合同在有效期内对抵押物的受让人继续有效。

第六十六条　抵押人将已抵押的财产出租的，抵押权实现后，租赁合同对受让人不具有约束力。

抵押人将已抵押的财产出租时，如果抵押人未书面告知承租人该财产已抵押的，抵押人对出租抵押物造成承租人的损失承担赔偿责任；如果抵押人已书面告知承租人该财产已抵押的，抵押权实现造成承租人的损失，由承租人自己承担。

第六十七条　抵押权存续期间，抵押人转让抵押物未通知抵押权人或者未告知受让人的，如果抵押物已经登记的，抵押权人仍可以行使抵押权；取得抵押物所有权的受让人，可以代替债务人清偿其全部债务，使抵押权消灭。受让人清偿债务后可以向抵押人追偿。

如果抵押物未经登记的，抵押权不得对抗受让人，因此给抵押权人造成损失的，由抵押人承担赔偿责任。

第六十八条　抵押物依法被继承或者赠与的，抵押权不受影响。

第六十九条　债务人有多个普通债权人的，在清偿债务时，债务人与其中一个债权人恶意串通，将其全部或者部分财产抵押给该债权人，因此丧失了履行其他债务的能力，损害了其他债权人的合法权益，受损害的其他债权人可以请求人民法院撤销该抵押行为。

第七十条　抵押人的行为足以使抵押物价值减少的，抵押权人请求抵押人恢复原状或提供担保遭到拒绝时，抵押权人可以请求债务人履行债务，也可以请求提前行使抵押权。

第七十一条　主债权未受全部清偿的，抵押权人可以就抵押物的全部行使其抵押权。

抵押物被分割或者部分转让的，抵押权人可以就分割或者转让后的抵押物行使抵押权。

第七十二条　主债权被分割或者部分转让的，各债权人可以就其享有的债权份额行使抵押权。

主债务被分割或者部分转让的，抵押人仍以其抵押物担保数个债务人履行债务。但是，第三人提供抵押的，债权人许可债务人转让债务未经抵押人书面同意的，抵押人对未经其同意转让的债务，不再承担担保责任。

第七十三条　抵押物折价或者拍卖、变卖该抵押物的价款低于抵押权设定时约定价值的，应当按照抵押物实现的价值进行清偿。不足清偿的剩余部分，由债务人清偿。

第七十四条　抵押物折价或者拍卖、变卖所得的价款，当事人没有约定的，按下列顺序清偿：

（一）实现抵押权的费用；

（二）主债权的利息；

（三）主债权。

第七十五条　同一债权有两个以上抵押人的，债权人放弃债务人提供的抵押担保的，其他抵押人可以请求人民法院减轻或者免除其应当承担的担保责任。

同一债权有两个以上抵押人的，当事人对其提供的抵押财产所担保的债权份额或者顺序没有约定或者约定不明的，抵押权人可以就其中任一或者各个财产行使抵押权。

抵押人承担担保责任后，可以向债务人追偿，也可以要求其他抵押人清偿其应当承担的份额。

第七十六条　同一动产向两个以上债权人抵押的，当事人未办理抵押物登记，实现抵押权时，各抵押权人按照债权比例受偿。

第七十七条　同一财产向两个以上债权人抵押的，顺序在先的抵押权与该财产的所有权归属一人时，该财产的所有权人可以以其抵押权对抗顺序在后的抵押权。

第七十八条　同一财产向两个以上债权人抵押的，顺序在后的抵押权所担保的债权先到期的，抵押权人只能就抵押物价值超出顺序在先的抵押担保债权的部分受偿。

顺序在先的抵押权所担保的债权先到期的，抵押权实现后的剩余价款应予提存，留待清偿顺序在后的抵押担保债权。

第七十九条　同一财产法定登记的抵押权与质权并存时，抵押权人优先于质权人受偿。

同一财产抵押权与留置权并存时，留置权人优先于抵押权人受偿。

第八十条　在抵押物灭失、毁损或者被征用的情况下，抵押权人可以就该抵押物的保险金、赔偿金或者补偿金优先受偿。

抵押物灭失、毁损或者被征用的情况下，抵押权所担保的债权未届清偿期的，抵押权人可以请求人民法院对保险金、赔偿金或补偿金等采取保全措施。

最高人民法院关于审理商品房买卖合同纠纷案件适用法律若干问题的解释

第八条　具有下列情形之一，导致商品房买卖合同目的不能实现的，无法取得房屋的买受人可以请求解除合同、返还已付购房款及利息、赔偿损失，并可以请求出卖人承担不超过已付购房款一倍的赔偿责任：

（一）商品房买卖合同订立后，出卖人未告知买受人又将该房屋抵押给第三人；

（二）商品房买卖合同订立后，出卖人又将该房屋出卖给第三人。

第九条　出卖人订立商品房买卖合同时，具有下列情形之一，导致合同无效或者被撤销、解除的，买受人可以请求返还已付购房款及利息、赔偿损失，并可以请求出卖人承担不超过已付购房款一倍的赔偿责任：

（一）故意隐瞒没有取得商品房预售许可证明的事实或者提供虚假商品房预售许可证明；

（二）故意隐瞒所售房屋已经抵押的事实；

（三）故意隐瞒所售房屋已经出卖给第三人或者为拆迁补偿安置房屋的事实。

裁判意见

全国法院民商事审判工作会议纪要（2019年11月8日）

60.【未办理登记的不动产抵押合同的效力】不动产抵押合同依法成立，但未办理抵押登记手续，债权人请求抵押人办理抵押登记手续的，人民法院依法予以支持。因抵押物灭失以及抵押物转让他人等原因不能办理抵押登记，债权人请求抵押人以抵押物的价值为限承担责任的，人民法院依法予以支持，但其范围不得超过抵押权有效设立时抵押人所应当承担的责任。

61.【房地分别抵押】根据《物权法》第182条之规定，仅以建筑物设定抵押的，抵押权的效力及于占用范围内的土地；仅以建设用地使用权抵押的，抵押权的效力亦及于其上的建筑物。在房地分别抵押，即建设用地使用权抵押给一个债权人，而其上的建筑物又抵押给另一个人的情况下，可能产生两个抵押权的冲突问题。基于"房地一体"规则，此时应当将建筑物和建设用地使用权视为同一财产，从而依照《物权法》第199条的规定确定清偿顺序：登记在先的先清偿；同时登记的，按照债权比例清偿。同一天登记的，视为同时登记。应予注意的是，根据《物权法》第 200 条的规定，建设用地使用权抵押后，该土地上新增的建筑物不属于抵押财产。

62.【抵押权随主债权转让】抵押权是从属于主合同的从权利，根据“从随主”规则，债权转让的，除法律另有规定或者当事人另有约定外，担保该债权的抵押权一并转让。受让人向抵押人主张行使抵押权，抵押人以受让人不是抵押合同的当事人、未办理变更登记等为由提出抗辩的，人民法院不予支持。

……

126.【商品房消费者的权利与抵押权的关系】根据《最高人民法院关于建设工程价款优先受偿权问题的批复》第 1 条、第 2 条的规定，交付全部或者大部分款项的商品房消费者的权利优先于抵押权人的抵押权，故抵押权人申请执行登记在房地产开发企业名下但已销售给消费者的商品房，消费者提出执行异议的，人民法院依法予以支持。但应当特别注意的是，此情况是针对实践中存在的商品房预售不规范现象为保护消费者生存权而作出的例外规定，必须严格把握条件，避免扩大范围，以免动摇抵押权具有优先性的基本原则。因此，这里的商品房消费者应当仅限于符合本纪要第 125 条规定的商品房消费者。买受人不是本纪要第 125 条规定的商品房消费者，而是一般的房屋买卖合同的买受人，不适用上述处理规则。

第八次全国法院民事商事审判工作会议（民事部分）纪要（2016年11月21日）

14．物权法第一百九十一条第二款并非针对抵押财产转让合同的效力性强制性规定，当事人仅以转让抵押房地产未经抵押权人同意为由，请求确认转让合同无效的，不予支持。受让人在抵押登记未涂销时要求办理过户登记的，不予支持。

北京市高级人民法院关于审理房屋买卖合同纠纷案件适用法律若干问题的指导意见（试行）（2010年12月22日）

第八条　房屋抵押权存续期间，出卖人（抵押人）未经抵押权人同意转让抵押房屋的，不影响房屋买卖合同的效力。

出卖人在合同约定的履行期限届满时仍未履行消灭抵押权的义务，致使买受人无法办理房屋所有权转移登记，买受人请求解除合同，并要求出卖人承担相应违约责任的，应予支持；买受人要求继续履行合同，办理房屋所有权转移登记，经法院释明后仍坚持不变更的，对其诉讼请求，不予支持，但买受人同意并能够代为清偿债务消灭抵押权的除外。

法院可以根据案件具体情况征询抵押权人的意见，必要时可以追加抵押权人作为无独立请求权第三人参加诉讼。

天津市高级人民法院关于审理房屋买卖合同纠纷案件若干问题的审判委员会纪要（2018年11月26日）

二、二手房买卖相关问题

（二）关于合同继续履行的问题

房屋买卖合同项下房屋设定的抵押权未消灭，买受人请求出卖人依照房屋买卖合同的约定办理房屋所有权转移登记手续的，人民法院可以向其释明变更诉讼请求为代为清偿债务涤除抵押权后办理房屋所有权转移登记。人民法院可以追加抵押权人为第三人参加诉讼。

上海市高级人民法院关于审理房地产买卖与抵押、租赁反叉纠纷若干问题的意见（2008年4月11日）

一、房屋买卖合同效力对房屋抵押权的影响

房屋买受人在购买房屋后，以该房屋认定抵押进行借贷的，通常产生三层法律关系，即房屋买卖合同、借贷合同、房屋抵押合同。一般而言，借贷合同与提供的房屋抵押合同之间构成主从合同关系，而房屋买卖合同与房屋抵押合同之间不形成主从合同关系。房屋买卖合同被确认有效、房屋抵押合同不存在其他无效因素，一般应认定有效。

房屋买卖合同被确认无效，则无效合同自始没有法律约束力，买受人若认定房屋抵押权，则成为无处分权人。无处分权人认定的房屋抵押权，抵押权人可基于《物权法》第

106 条的规定取得。审理实践中，适用不动产抵押权善意取得制度，须注意把握抵押权人认定抵押权时的善意、合理价以及办理不动产抵押权登记等法律要件。其中抵押权人对不动产登记的信赖，一般情况下可构成善意，但有证据证明抵押权人知道或应当知道抵押物的权利存在瑕疵的除外。法官可结合抵押权人是否知道抵押人对抵押物无权处分、交通是否符合习惯等方面进行综合判断。

二、房屋抵押合同已被生效判决认定有效后，房屋买卖合同的一方当事人诉请确认买卖合同无效并要求返还房屋的处理。

房屋买卖合同的当事人在房屋抵押合同已被确认有效后，提起合同无效之诉，目的在于对抗抵押权人行使抵押权。由于房屋买卖合同与房屋抵押合同分属不同法律关系，房屋买卖合同的效力应根据买卖双方的交易情况适用合同法等相关进行认定，不受生效法律文书确认房屋抵押合同效力的影响。

一旦买卖合同经审理被确认无效的，因该合同取得的财产，双方应予返还。至于认定抵押权的房屋，可区分以下三种情况进行处理：

1. 抵押权人已经申请执行，且抵押物已被拍卖、变卖的，鉴于系争房屋事实上已经无法返还，可判令买受人折价赔偿。

2．抵押物尚未被拍卖、变卖的，可判令买受人在涤除抵押权后，将房屋返还给出卖人。

3．出卖人已经代为清偿债务消灭抵押权的，可判令买受人返还房屋。

三、当事人诉请确认房屋买卖合同无效，但买受人为获得贷款已将系争房屋抵押给银行的，买卖合同与抵押借款合同的处理程序。

房屋买卖合同可能被确认无效或被撤销、解除的，法院可将诉讼情况告知担保权人。若担保权人就此提出诉讼请求的，可与房屋买卖合同纠纷合并审理；若担保权人未申请参加诉讼的，仅处理房屋买合同纠纷，但应尽可能查明房屋上认定的权利，并在处理时予以考量。

上海市高级人民法院关于印发《关于民事案件审理的几点具体意见》的通知（2000 年 8 月 15 日）

24．房地产开发经营企业将所开发的房地产抵押后进行现售，未告知买受人的，应如何认定房地产买卖合同的效力？

我们认为，根据合同法第 54 条第 2 款之规定，房地产开发经营企业未将系争房地产已抵押他人的情况告知当事人而再行出售该房地产的，属欺诈行为，买受人有权请求人民法院变更或者撤销房地产买卖合同，买受人自知道或者应当知道撤销事由之日起一年内没有行使撤销权的，买卖合同有效。

25. 预售商品房在预售后交付前，被房地产开发经营企业另行抵押的，商品房预售合同是否有效？

我们认为，应当区分两种情况，如果预售商品房在预售后交付前被抵押，而在交付时能够清洁的，预售合同有效；交付时不能清洁的，预售有效，但买受人可以出售人履行合同不当为由追究出售人的违约责任，直至解除合同。

广东省高级人民法院关于审理房屋买卖合同纠纷案件的指引（2017年9月12日）

二十、合同项下房屋设定的抵押权未消灭，买受人请求出卖人依照房屋买卖合同的约定办理房屋所有权转移登记的，人民法院可以向其释明变更诉讼请求为代为清偿债务消灭抵押权后办理房屋所有权转移登记或者解除合同、赔偿损失。

……

四十五、买受人将房屋抵押给债权人后，当事人一方请求确认房屋买卖合同无效或者撤销、解除合同并请求返还财产，担保权人或者第三人提出独立的诉讼请求的，可以与房屋买卖合同纠纷合并审理。担保权人或者第三人就抵押担保的债权债务关系另行起诉的，可以与房屋买卖合同纠纷合并审理。

房屋买卖合同被确认无效或者被撤销、解除，抵押权未消灭，出卖人请求返还房屋，要求办理房屋所有权转移登记的，不予支持；出卖人主张将应当返还给买受人的价款在担保债权的范围内支付给抵押权人或者将该款提存消灭抵押权后返还房屋的，应予支持。

江苏省高级人民法院关于未办理房屋登记过户手续的买受人提起执行异议之诉问题的纪要（2015 年 4 月 3 日）

2014 年 11 月 21 日，江苏省高级人民法院审判委员会召开了第 35 次会议，对王振东与夏远航、沈丽、孙黎黎案外人执行异议之诉一案进行了讨论，就该案中转让按揭房屋未办理过户登记，买受人提起执行异议之诉能否得到支持的问题形成意见。现将讨论意见纪要如下：

一、案件基本情况

夏远航、沈丽系夫妻关系。2010 年 2 月，夏远航与泗洪红利来置业有限公司签订《商品房买卖合同》，购买银河国际广场 B07 幢 2 单元 806 室，房屋总价为 26. 4713 万元，首付购房款 5. 3713 万元，余款 21. 1 万元向中国农业银行泗洪支行办理按揭贷款，中国农业银行泗洪支行为抵押权人。因夏远航欠王振东借款本息合计 27 万元无力偿还，双方于 2011 年 12 月 11 日签订《房屋买卖合同》，约定：夏远航、沈丽将其购买的上述房屋卖给王振东，王振东应给付的购房款包括两个部分，一是夏远航尚欠王振东的借款 27 万元直接抵付夏远航已付的购房款，二是夏远航尚欠银行按揭贷款19.8万元由王振东负责清偿。涉案房屋于2012年7月交给王振东，王振东对房屋进行了装修、使用，王振东自2012年7月起以夏远航的名义向银行偿还贷款共计4万余元。

夏远航因欠孙黎黎13万元未还，孙黎黎于2012年7月13日向江苏省泗洪县人民法院（以下简称泗洪法院）申请诉前保全，并向法院起诉，该院作出（2012）洪诉保字第0205号民事裁定，查封了夏远航的涉案房屋。经法院主持调解，夏远航与孙黎黎达成调解协议，协议约定夏远航于2012年7月30日前一次性还清孙黎黎借款人民币13万元。泗洪法院据此作出（2012）洪民初字第1559号民事调解书。因夏远航未按调解书履行，孙黎黎申请强制执行。2012年11月21日，王振东向泗洪法院提出执行异议，该院于2012年12月11日裁定驳回王振东的异议申请。

2013年2月5日，王振东向泗洪法院起诉，请求判决停止对该房产的执行。泗洪法院一审认为：不动产物权的设立、转让，经依法登记发生效力。抵押期间，抵押人未经抵押权人同意，不得转让抵押财产，但受让人代为清偿债务消灭抵押权的除外。王振东与夏远航、沈丽签订了房屋买卖协议，双方均明知该房屋因按揭贷款抵押给银行，双方转让抵押房屋并未取得抵押权人银行同意，且王振东也未按法律规定代为清偿债务消灭抵押权，取得该房屋的物权。故对王振东解除查封、停止执行的主张不予支持，判决驳回了王振东的诉讼请求。

王振东不服上述判决，提起上诉。宿迁市中级人民法院二审认为，本案中，王振东与夏远航、沈丽转让抵押房屋并未取得抵押权人银行的同意，且王振东没有代为清偿债务消灭抵押权，不能产生房屋产权变动的效力。王振东以该房屋的买卖合同和事实上的占有为由，主张解除查封、停止执行，没有依据。遂判决：驳回上诉，维持原判决。王振东不服二审判决，向本院申请再审。

二、关于相关问题的处理意见

本院审判委员会讨论认为，本案争议的主要问题是对《最高人民法院关于人民法院民事执行中查封、扣押、冻结财产的规定》（以下简称《查扣冻规定》）第十七条如何理解，以及对王振东是否付清了全部购房款如何认定。

根据《查扣冻规定》第十七条的规定，被执行人将其所有的需要办理过户登记的财产出卖给第三人，第三人已经支付全部价款并实际占有，但未办理过户登记手续的，如果第三人对此没有过错，人民法院不得查封、扣押、冻结。关于该规定的理解，会议认为，依据《中华人民共和国物权法》第九条所确立的不动产物权变动登记生效原则，被执行人与第三人订立不动产买卖合同但未完成过户登记时，第三人尚未取得所有权，其仅享有债权。从物权归属上，该不动产仍属于被执行人所有。但是，在我国由于不动产登记不完善、出卖人不配合登记等原因，实践中严格按照不动产物权变动登记生效原则执行，客观上会影响对无过错第三人的权利保护。为此，《查扣冻规定》第十七条规定有限突破了不动产物权登记生效原则，对未办理产权过户手续的无过错购房人予以特殊保护，即购房人享有的债权可以优先于申请执行人的其他普通金钱债权获得保护。在执行该条规定时，必须首先坚持物权变动公示公信原则，维护物权登记的公示效力，同时也要注意平衡善意购房人与申请执行人之间的利益关系，兼顾物权保护和维护交易安全。所以，司法实践中应当从严把握《查扣冻规定》第十七条的适用条件，防止债务人恶意规避执行。具体而言，第三人依据此条主张排除强制执行的，应当具备以下四个要件：一是第三人（买受人）与被执行人之间应当存在合法有效的房屋买卖关系；二是第三人在法院采取查封等强制执行措施前，已经支付全部房屋价款；三是第三人在法院采取强制执行措施前已经实际占有该房屋；四是第三人对未办理房屋产权过户无过错。

（一）关于房屋买卖关系是否合法有效的问题。根据《中华人民共和国物权法》第十五条确立的不动产物权变动的原因与结果相区分的原则，物权转让的结果不成就，并不必然导致物权转让的原因行为即债权合同无效。因此，《中华人民共和国物权法》第一百九十一条关于抵押人未经抵押权人同意不得转让抵押财产的规定，只是限制抵押财产物权变动的强制性规定，其效力并不及于作为原因行为的债权合同。也就是说，在抵押权存续期间，出卖人（抵押人）未经抵押权人同意转让抵押物的，不影响买卖合同的效力；出卖人在合同约定的履行期限届满时仍未履行消灭抵押权义务，致使买受人无法办理抵押物的移转登记，买受人可以请求解除合同；买受人同意并能够代为清偿债务消灭抵押权的，抵押权人应当协助办理抵押注销登记，出卖人应当在抵押权消灭后为买受人办理抵押物的移转登记手续。

本案中，夏远航、沈丽将尚在按揭抵押期间的房屋出卖给王振东，尽管未经抵押权人同意，但就房屋买卖合同这一债权行为而言，并未违反法律强制性规定，仍属有效。

（二）关于第三人是否付清全部房屋价款的认定问题。对《查扣冻规定》第十七条中规定的“第三人已经支付全部价款”，应理解为第三人在法院针对房屋采取查封等强制执行措施开始前，已经支付了全部房屋价款。实践中，对于“是否支付全部价款”争议较大的问题是被执行人转让尚在按揭贷款还款期内的房屋时，第三人以代还银行按揭贷款作为购房款的支付方式，能否视为其已付清全部购房款。

会议认为，转让按揭贷款期内的房屋在现实生活中主要有两种情形。一种是经银行同意办理转按揭贷款的情形，即出卖人将尚在按揭贷款期内的房屋转让给买受人，经贷款银行同意，并与买受人重新签订抵押贷款合同，由买受人继续偿还未到期的贷款。此时，买受人与银行之间已经成立新的抵押贷款合同，且房屋也已过户到次买受人名下，故当出卖人作为被执行人时，已不可能执行该房产，也就不存在适用《查扣冻规定》第十七条的问题。另一种是未办理转按揭贷款的情形，即出卖人擅自将尚在按揭贷款期内的房屋转让给买受人，不通过银行与开发商，双方约定由买受人直接将首付款支付给出卖人，并由买受人以出卖人名义继续为其代偿剩余的贷款本息，直至贷款还清后再办理产权更名手续。该房屋转让合同中，买受人的付款相当于分期付款，其付款方式的法律性质系第三人代为履行，即代出卖人分期偿还银行贷款，只有贷款清偿完毕后，方能认定买受人已经付清全部购房款。

本案属于后一种情形，即银行按揭部分的法定还款义务人仍为出卖人夏远航，买受人王振东以夏远航名义代偿银行贷款，只是基于双方的房屋转让合同关系而分期支付给夏远航的对价。因此，在该贷款清偿完毕之前，不能视为其已经付清了二手房买卖合同中的全部价款。

（三）关于第三人是否实际占有房屋的认定问题。所谓占有，是指主体对于物基于占有的意思进行控制的事实状态。占有必须具备两个构成要件，一是占有人必须具有占有的意思；二是占有人事实上控制或管领了某物。本案中，夏远航在法院对涉案房屋采取查封措施前已经将其交付王振东，王振东亦已装修并实际使用，应当认定其已经实际占有房屋。

（四）关于买受人对未办理过户登记是否存在过错问题。根据《查扣冻规定》第十七条中规定的“第三人没有过错”，应指第三人已经支付全部价款并实际占有标的物后，没有办理过户登记手续，但其未办理产权过户登记手续是由于登记机关未能及时办理、出卖人不予协助、办理登记存在客观障碍等非第三人所能控制的原因造成的。本案中，由于王振东未付清全部购房款，尚不具备办理产权过户手续的条件，也就不存在对于未办理产权过户手续是否有过错的问题。

综上，王振东与夏远航约定以代偿按揭的方式转让按揭房屋，在未经银行同意办理转按揭贷款手续的情况下，不能认定王振东已经付清全部购房款，其要求停止执行涉案房屋的请求不符合《查扣冻规定》第十七条规定的条件，不应得到支持。

江苏省高级人民法院关于审理房地产合同纠纷案件若干问题的解答（征求意见稿）（2017年8月15日）

25. 未经抵押权人同意销售商品房的如何处理?

抵押权存续期间，出卖人未经抵押权人同意销售商品房的，不影响商品房买卖合同的效力。出卖人（抵押人）在约定的履行期限届满时仍未履行消灭抵押权的义务，致使买受人无法办理商品房权属转移登记的，买受人请求解除合同，并要求出卖人（抵押人）承担相应违约责任的，应予支持。受让人要求继续履行合同，办理房地产权属转移登记，经人民法院释明后仍坚持不变更的，对其诉讼请求，不予支持，但受让人代为清偿债务消灭抵押权的除外。

广东省高级人民法院关于审理商品房买卖合同纠纷案件若干问题的指导意见（2003年10月24日）

4. 在审理以担保贷款为付款方式的商品房买卖合同纠纷案件时，要注意正确区分和认定当事人之间合同关系的法律性质。在此类案件中，一般存在两份合同书，即买受人与出卖人签订的商品房买卖合同书和买受人、担保权人及出卖人签订的商品房担保贷款合同书。在后一份合同书中，一般存在三个法律关系，即买受人与担保权人之间的借款合同关系、买受人与担保权人之间的以尚未建成或者已竣工的房屋为抵押物的抵押合同关系、出卖人与担保权人之间以保证或回购等具体条款加以确定的保证合同关系。

5. 在以担保贷款为付款方式的商品房买卖合同纠纷案件中，抵押合同与保证合同是借款合同的从合同，借款合同无效的，抵押合同、保证合同也无效。但抵押合同、保证合同另有约定的除外。

商品房买卖合同与借款合同不存在主从合同的关系，商品房买卖合同无效的，借款合同不因此而无效。但因商品房买卖合同被确认无效或者被撤销、解除，致使借款合同的目的无法实现，当事人请求解除借款合同的，人民法院应予支持。

6. 因买受人要求出卖人支付逾期交楼违约金或出卖人要求买受人支付逾期付款违约金而发生的纠纷，一般不应通知担保权人作为当事人参加诉讼。但买受人以逾期付款是因为担保权人的违约行为造成为由，申请人民法院追加担保权人作为第三人参加诉讼的，人民法院应予支持。

7. 出卖人或买受人请求确认商品房买卖合同无效或撤销、解除商品房买卖合同的，人民法院应当在开庭前告知担保权人可以作为有独立请求权的第三人参加诉讼。若担保权人就借款合同和抵押、保证合同另行起诉的，人民法院一般应将该案与商品房买卖合同纠纷合并审理。商品房买卖合同被确认无效或者被撤销、解除后，借款合同也被解除的，人民法院可判决出卖人将买受人所欠担保权人借款本息直接支付给担保权人，其余款项支付给买受人。

若担保权人不参加诉讼的，法院仅审理商品房买卖合同纠纷。商品房买卖合同被确认无效或者被撤销、解除的，出卖人应将收受的购房款(包括买受人已实际支付的款项和向担保权人所借款项)本息返还买受人，违约责任按双方约定和有关法律规定处理。出卖人与买受人达成解除商品房买卖合同并由出卖人代替买受人清偿其所欠担保权人全部债务，其余款项则返还给买受人的和解协议的，人民法院应予支持。

8．买受人未按照借款合同的约定还款，担保权人以执行回购条款为由请求出卖人承担连带保证责任、偿还买受人所欠贷款本息的，人民法院应予支持。

9．出卖人与买受人恶意串通，为骗取借款而签订虚假商品房买卖合同的，该商品房买卖合同因恶意串通、损害第三人利益而无效，担保权人可依照《合同法》第五十四条第二款、第五十五条的规定对借款合同行使撤销权。

借款合同被撤销后，由买受人承担还款责任，出卖人承担连带清偿责任。

10．担保权人与买受人、出卖人签订预售商品房担保贷款合同后，因登记部门的原因致使其未办理预售商品房担保贷款合同备案登记或抵押登记的，人民法院可以认定预售商品房担保贷款合同中的抵押合同关系有效，但不得对抗第三人。

11. 商品房担保贷款合同中关于“抵押房产的全部或部分发生毁损，不论何时和何种原因，亦不论何人过失，均由买受人负全部责任，并赔偿由此引起的一切损失”的条款，加重了买受人的责任，导致当事人利益的失衡，人民法院在当事人请求时可依据《合同法》第四十条的规定，以提供格式条款一方加重对方责任为由，认定该条款无效。房屋毁损、灭失的风险，在交付使用前由出卖人承担，交付使用后由买受人承担；买受人接到出卖人的书面交房通知，无正当理由拒绝接收的，房屋毁损、灭失的风险自书面交房通知确定的交付使用之日起由买受人承担。如果抵押房产已经买了保险的，保险金应当作为抵押财产。

12. 对于因建设工程“烂尾”而解除商品房买卖合同和商品房担保贷款合同后，担保权人要求买受人返还款项时，买受人以出卖人的商品房预售款开户银行违反《广东省商品房预售管理条例》第三十三条第二款规定的法定监管义务而造成其损失为由，要求银行承担赔偿责任的，如果担保权人同时是出卖人的商品房预售款开户银行，人民法院应对买受人的主张一并审理；如果担保权人不是出卖人的商品房预售款开户银行的，人民法院应告知买受人另行起诉。

13. 对于商品房担保贷款合同中关于买受人不得将抵押房产出租、转让的条款，人民法院可依据《合同法》第四十条的规定，以提供格式条款一方排除对方主要权利为由，认定该条款无效。

14. 买受人未经担保权人同意将抵押房产出租的，可认定租赁合同有效，但担保权人在实现抵押权时，承租人的租赁权不具有优先于抵押权的效力。

如果买受人在出租抵押房产时，未书面告知承租人该财产已抵押的，买受人对出租抵押物造成承租人的损失承担赔偿责任；如果买受人已书面告知承租人该财产已抵押的，因实现抵押权造成承租人的损失，由承租人自行承担。

15. 买受人未经担保权人同意将抵押房产转让的，可认定转让合同有效。如果原来已办理抵押登记或商品房担保贷款合同备案登记的，担保权人仍可以行使抵押权。受让人可以代替原买受人清偿其全部债务后，向原买受人追偿。受让人不代替原买受人清偿债务时，因担保权人行使抵押权给受让人造成损失的，对于原买受人所欠担保权人的债务部分，应由原买受人承担清偿责任，其余损失则由受让人和原买受人按照过错大小分担。但当事人另有约定的除外。

如果原来未办理抵押登记或商品房担保贷款合同备案登

记的，担保权人不能对抵押物行使抵押权。因此给担保权人造成损失的，由原买受人承担赔偿责任。

安徽省高级人民法院关于审理房屋买卖合同纠纷案件适用法律问题的指导意见（2012年3月5日）

10. 房屋抵押权存续期间，出卖人（抵押人）未经抵押权人同意转让抵押房屋的，不影响房屋买卖合同的效力。

在合同约定的履行期限届满时因抵押登记仍未涂销，导致无法办理房屋所有权转移登记，买受人请求解除合同的，可予支持。买受人要求出卖人承担违约责任的，可综合考虑合同双方过错、所造成的损失等因素，确定应予承担的责任。

十一、以房抵债问题

核心规范

中华人民共和国合同法

第四十四条　依法成立的合同，自成立时生效。

法律、行政法规规定应当办理批准、登记等手续生效的，依照其规定。

……

第五十二条　有下列情形之一的，合同无效：

（一）一方以欺诈、胁迫的手段订立合同，损害国家利益；

（二）恶意串通，损害国家、集体或者第三人利益；

（三）以合法形式掩盖非法目的；

（四）损害社会公共利益；

（五）违反法律、行政法规的强制性规定。

……

第五十四条　下列合同，当事人一方有权请求人民法院或者仲裁机构变更或者撤销：

（一）因重大误解订立的；

（二）在订立合同时显失公平的。

一方以欺诈、胁迫的手段或者乘人之危，使对方在违背真实意思的情况下订立的合同，受损害方有权请求人民法院或者仲裁机构变更或者撤销。

当事人请求变更的，人民法院或者仲裁机构不得撤销。

最高人民法院关于适用《中华人民共和国合同法》若干问题的解释（二）

第十九条　对于合同法第七十四条规定的“明显不合理的低价”，人民法院应当以交易当地一般经营者的判断，并参考交易当时交易地的物价部门指导价或者市场交易价，结合其他相关因素综合考虑予以确认。

转让价格达不到交易时交易地的指导价或者市场交易价百分之七十的，一般可以视为明显不合理的低价；对转让价格高于当地指导价或者市场交易价百分之三十的，一般可以视为明显不合理的高价。

债务人以明显不合理的高价收购他人财产，人民法院可以根据债权人的申请，参照合同法第七十四条的规定予以撤销。

最高人民法院关于审理民间借贷案件适用法律若干问题的规定

第二十四条　当事人以签订买卖合同作为民间借贷合同的担保，借款到期后借款人不能还款，出借人请求履行买卖合同的，人民法院应当按照民间借贷法律关系审理，并向当事人释明变更诉讼请求。当事人拒绝变更的，人民法院裁定驳回起诉。

按照民间借贷法律关系审理作出的判决生效后，借款人不履行生效判决确定的金钱债务，出借人可以申请拍卖买卖合同标的物，以偿还债务。就拍卖所得的价款与应偿还借款本息之间的差额，借款人或者出借人有权主张返还或补偿。

裁判意见

全国法院民商事审判工作会议纪要（2019年11月8日）

44.【履行期届满后达成的以物抵债协议】当事人在债务履行期限届满后达成以物抵债协议，抵债物尚未交付债权人，债权人请求债务人交付的，人民法院要着重审查以物抵债协议是否存在恶意损害第三人合法权益等情形，避免虚假诉讼的发生。经审查，不存在以上情况，且无其他无效事由的，人民法院依法予以支持。

当事人在一审程序中因达成以物抵债协议申请撤回起诉的，人民法院可予准许。当事人在二审程序中申请撤回上诉的，人民法院应当告知其申请撤回起诉。当事人申请撤回起诉，经审查不损害国家利益、社会公共利益、他人合法权益的，人民法院可予准许。当事人不申请撤回起诉，请求人民法院出具调解书对以物抵债协议予以确认的，因债务人完全可以立即履行该协议，没有必要由人民法院出具调解书，故人民法院不应准许，同时应当继续对原债权债务关系进行审理。

45.【履行期届满前达成的以物抵债协议】当事人在债务履行期届满前达成以物抵债协议，抵债物尚未交付债权人，债权人请求债务人交付的，因此种情况不同于本纪要第 71 条规定的让与担保，人民法院应当向其释明，其应当根据原债权债务关系提起诉讼。经释明后当事人仍拒绝变更诉讼请求的，应当驳回其诉讼请求，但不影响其根据原债权债务关系另行提起诉讼。

第八次全国法院民事商事审判工作会议（民事部分）纪要（2016 年 11 月 21 日）

16. 当事人达成以房抵债协议，并要求制作调解书的，人民法院应当严格审查协议是否在平等自愿基础上达成；对存在重大误解或显失公平的，应当予以释明；对利用协议损害其他债权人利益或者规避公共管理政策的，不能制作调解书；对当事人行为构成虚假诉讼的，严格按照民事诉讼法第一百一十二条和《最高人民法院关于适用〈中华人民共和国民事诉讼法〉的解释》第一百九十条、第一百九十一条的规定处理；涉嫌犯罪的，移送刑事侦查机关处理。

17. 当事人在债务清偿期届满后达成以房抵债协议并已经办理了产权转移手续，一方要求确认以房抵债协议无效或者变更、撤销，经审查不属于合同法第五十二条、第五十四条规定情形的，对其主张不予支持。

北京市高级人民法院关于审理房屋买卖合同纠纷案件若干疑难问题的会议纪要（2014 年 12 月 16 日）

二十四、民间借贷与代理售房的处理

民间借贷关系的借款人在借款时出具委托书，授权贷款人（或其指定的第三人）出售借款人的房屋，贷款人（或其指定的第三人）在借款人未偿还借款的情况下，以借款人名义转让其房屋，借款人主张买卖合同无效的，一般不予支持，但贷款人与买受人存在恶意串通行为，或者买受人明知或应当知道代理人实际没有代理权或滥用代理权的除外。贷款人应当将收取的购房款扣除贷款本金、合法利息等后剩余的款项及时退还给借款人。

借款人认为合同约定的房屋转让价格明显过低，显失公平的，可以依据《合同法》第 54 条第 1 款第（2）项的规定行使撤销权。转让价格是否明显过低的标准可以参照《最高人民法院关于适用〈中华人民共和国合同法〉若干问题的解释（二）》第19条的规定予以确定，即合同约定的房屋转让价格达不到当时交易地的市场交易价百分之七十的，一般可以视为价格明显过低。

法院应当严格审查授权委托书的内容、买卖合同的订立和履行是否符合市场交易习惯、买受人是否实际支付购房款并实地查看房屋、买受人的身份等因素综合予以认定。

二十五、民间借贷与以房抵债的处理

当事人在民间借贷债务履行期限届满前签订合同约定，借款人逾期不偿还借款即愿意以自己所有（或经第三人同意以第三人所有）的房屋抵偿归贷款人所有，该合同实为基础借贷债权的担保，应当根据当事人的真实意思表示认定双方之间系民间借贷法律关系。贷款人可以选择行使以下权利:（1）贷款人依原基础借贷法律关系主张偿还借款的，应予支持;（2）贷款人在履行清算义务的前提下，要求借款人办理房屋过户登记手续的，应予支持。房屋价值超过担保基础借贷债权（贷款本金、合法利息等）的，贷款人应将剩余款项返还给借款人。房屋价值以贷款人要求借款人办理房屋过户登记时予以确定。

当事人在民间借贷债务履行期限届满后签订合同约定以房抵债，性质上属于债务履行方式的变更，贷款人要求继续履行合同办理房屋过户登记手续的，应予支持。借款人认为抵债价格明显过低，显失公平的，可以参照本纪要第 24 条第 2 款规定处理。

二十六、以房抵债与调解

当事人以债务纠纷诉至法院，在诉讼中自愿达成以房抵债协议的，各级法院应当严格依据《最高人民法院关于房地产调控政策下人民法院严格审查各类虚假诉讼的紧急通知》的相关规定，加大对可能出现的虚假诉讼案件的审查力度，对抵债协议的内容一般不出具正式调解书予以确认，确实需要出具正式调解书的，应当报经所在法院主管副院长或庭长审核。

天津市高级人民法院关于审理房屋买卖合同纠纷案件若干问题的审判委员会纪要（2018 年 11 月 26 日）

二、二手房买卖相关问题

（五）以房抵债的问题

当事人在债务清偿期届满后达成以房抵债协议并已经办理了房屋所有权转移登记手续，一方要求确认以房抵债协议无效或者撤销，经审查不属于《合同法》第五十二条、第五十四条规定情形的，对其主张不予支持。

在尚未办理房屋所有权转移登记手续前，债务人反悔不履行抵债协议，债权人要求办理房屋所有权转移登记手续或要求确认所抵房屋的所有权归自己的，人民法院不予支持。当事人要求继续履行原债权债务合同的，人民法院应当告知其可以另行主张。

江苏省高级人民法院关于债权债务案件审理中以物抵债问题的纪要（2014年4月14日）

一、关于以物抵债行为的界定

会议认为，“以物抵债”是指债务人与债权人约定以债务人或经第三人同意的第三人所有的财产折价归债权人所有，用以清偿债务的行为。

人民法院应当根据当事人设定以物抵债的不同时间、约定的具体内容、履行的具体情况等情形来判断以物抵债不同的法律性质，进而正确认定其效力。

二、关于债务未届清偿期之前以物抵债行为的性质及效力认定

会议认为，对当事人在债务未届清偿期之前达成的以物抵债协议，应区分不同情形进行认定与处理：

（一）当事人在债务未届清偿期之前达成的以物抵债协议，该协议具有担保债权实现的目的，如债权人以债务人违反以物抵债的约定而要求继续履行以物抵债协议或对所抵之物主张所有权的，人民法院应驳回其诉讼请求。但经人民法院释明，当事人变更诉请要求继续履行原债权债务合同的，

人民法院应当继续审理。

（二）当事人在债务未届清偿期之前达成以物抵债的协议，同时明确约定在债务清偿期届满时应进行清算，该以物抵债协议在当事人之间具有法律效力，但该约定不具有对抗其他债权人的效力。

（三）当事人在债务未届清偿期之前约定以房屋或土地等不动产进行抵债，并明确在债务清偿后可以回赎，债务人或第三人根据约定已办理了物权转移手续的，该行为符合让与担保的特征，因违反物权法定原则，不产生物权转移效力。债权人如根据抵债协议及物权转移凭证要求原物权人迁让的，人民法院应不予支持。

三、关于债务清偿期届满之后以物抵债行为的性质及效力认定

会议认为，对当事人在债务清偿期届满后的以物抵债协议，应区分两种情况进行认定与处理：

（一）债务清偿期届满后当事人达成以物抵债协议，在尚未办理物权转移手续前，债务人反悔不履行抵债协议，债权人要求继续履行抵债协议或要求确认所抵之物的所有权归自己的，人民法院应驳回其诉讼请求。但经释明，当事人要求继续履行原债权债务合同的，人民法院应当继续审理。

（二）当事人在债务清偿期届满后达成以物抵债协议并

已经办理了物权转移手续后，一方反悔，要求认定以物抵债协议无效的，人民法院不予支持。但如当事人一方认为抵债行为具有《中华人民共和国合同法》第五十四条规定的可变更、可撤销情形的，可以依法请求人民法院或仲裁机构变更或撤销。

债权人在债务清偿期届满后通过以物抵债协议取得了所抵之物的所有权，后要求债务人承担标的物瑕疵担保责任的，人民法院可参照《中华人民共和国合同法》关于买卖合同的相关规定进行处理。

四、关于诉讼中当事人自愿以物抵债的处理

会议认为，在债权债务案件诉讼过程中，当事人自愿达成以物抵债协议，并要求法院制作调解书的，人民法院应建议当事人申请撤诉。当事人不申请撤诉而要求法院制作调解书的，人民法院应不予支持，对当事人之间债权债务法律关系继续审理。

当事人双方持人民调解组织主持达成的以物抵债调解协议，向人民法院申请司法确认的，经审查，当事人尚未完成物权转移手续的，人民法院应裁定驳回申请。

五、关于对当事人利用以物抵债进行虚假诉讼的防范和制裁

会议认为，对当事人进行虚假诉讼，利用以物抵债损害

其他债权人利益的，人民法院应从以下方面严格审查并加大制裁力度：

（一）加强对债权债务关系真实性的审查力度，严防虚假诉讼。

（二）对当事人在以物抵债协议中约定的管辖法院与所抵不动产的所在地非同一地的，应按民事诉讼法专属管辖的规定认定协议管辖的效力。

（三）发现当事人通过以物抵债的方式恶意转移责任财产、损害其他债权人利益或者规避国家房产限购政策、转移限制转让的车牌号码等恶意诉讼或虚假诉讼行为的，应根据《中华人民共和国民事诉讼法》第一百一十二条的规定驳回诉讼请求，同时可根据情节轻重予以罚款、拘留；构成犯罪的，依法追究刑事责任。

江苏省高级人民法院关于审理民间借贷纠纷案件的会议纪要（2013年6月13日）

三、关于民间借贷的责任主体和性质认定

会议认为，人民法院在审理民间借贷纠纷案件时，要正确理解和适用民法通则、合同法、婚姻法等法律和相关司法解释的规定，严格审查当事人的真实意思和相关案件事实，准确认定合同性质以及责任主体。

……

（三）当事人之间以借贷为目的签订房屋买卖合作为担保的，人民法院应当认定双方名为房屋买卖实为民间借贷关系。出借人以房屋买卖关系提起诉讼，请求履行房屋买卖合同并办理房屋过户登记手续的，人民法院应当向其释明按照民间借贷关系变更诉讼请求；出借人坚持不予变更的，人民法院应当判决驳回其诉讼请求。

江苏省高级人民法院关于审理房地产合同纠纷案件若干问题的解答（征求意见稿）（2017 年 8 月 15 日）

19. 以商品房抵债协议的效力如何认定?

第一种观点：当事人在债务清偿期届满后达成以商品房抵债协议，一方反悔，要求认定以房抵债协议无效的，人民法院经审查不存在虚假诉讼情形的，对其请求不予支持。但如当事人一方认为抵债行为具有民法总则规定的可撤销情形的，可以依法请求人民法院或仲裁机构撤销。

第二种观点：当事人在债务清偿期届满后达成以商品房抵债协议，在尚未办理物权转移手续前，债务人反悔不履行抵债协议，债权人要求继续履行抵债协议或要求确认所抵之物的所有权归自己的，人民法院应驳回其诉讼请求。但经释明，当事人要求继续履行原债权债务合同的，人民法院应当继续审理。

广东省高级人民法院关于审理房屋买卖合同纠纷案件的指引（2017年9月12日）

十三、一方当事人主张房屋买卖合同实为民间借贷合同的担保的，应当举证证明民间借贷合同关系的存在。

当事人以签订房屋买卖合同作为民间借贷合同的担保，出借人主张就买卖合同项下的房屋优先受偿的，不予支持。出借人请求履行房屋买卖合同的，应当依照《最高人民法院关于审理民间借贷案件适用法律若干问题的规定》第二十四条的规定处理。

当事人以签订房屋买卖合同作为民间借贷合同的担保，双方已经办理房屋所有权转移登记，借款人以不存在真实的买卖合同关系为由，主张合同无效并请求返还房屋的，人民法院应当向当事人释明变更诉讼请求为返还借款本息与房屋过户登记时或债务履行期限届满时房屋价值的差额。

十四、当事人签订房屋买卖合同，实为以房款抵偿其他债务，一方当事人以不存在真实的房屋买卖合同关系为由主张合同无效的，不予支持。因债务人未履行房屋买卖合同，债权人请求解除合同，按照原约定清偿债务的，应予支持。

债务人举证证明所抵销的债务中存在非法高额利息的，应当扣除该部分利息。一方请求确认以房抵债协议无效或者变更、撤销协议的，应当依照合同法第五十二条、第五十四条的规定审查。

当事人通过以房抵债协议逃避债务，侵害第三人合法权益的，第三人可以依照合同法第七十四条的规定行使撤销权。

十五、当事人达成以房抵债调解协议，人民法院对协议中涉及确认债权人对未登记在其名下的抵债房屋享有所有权的内容，应当不予确认，但可以确认当事人在约定时间办理抵债房屋所有权转移登记的内容。

当事人达成以房抵债协议，并要求制作调解书的，应当根据《第八次全国法院民事商事审判工作会议（民事部分）纪要》第16条的规定审查。

【指导案例72号】

汤龙、刘新龙、马忠太、王洪刚诉新疆鄂尔多斯彦海房地产开发有限公司商品房买卖合同纠纷案

（最高人民法院审判委员会讨论通过　2016年12月28日发布）

关键词　民事/商品房买卖合同/借款合同/清偿债务/法律效力/审查

裁判要点

借款合同双方当事人经协商一致，终止借款合同关系，

建立商品房买卖合同关系，将借款本金及利息转化为已付购房款并经对账清算的，不属于《中华人民共和国物权法》第一百八十六条规定禁止的情形，该商品房买卖合同的订立目的，亦不属于《最高人民法院关于审理民间借贷案件适用法律若干问题的规定》第二十四条规定的“作为民间借贷合同的担保”。在不存在《中华人民共和国合同法》第五十二条规定情形的情况下，该商品房买卖合同具有法律效力。但对转化为已付购房款的借款本金及利息数额，人民法院应当结合借款合同等证据予以审查，以防止当事人将超出法律规定保护限额的高额利息转化为已付购房款。

相关法条

《中华人民共和国物权法》第186条

《中华人民共和国合同法》第52条

基本案情

原告汤龙、刘新龙、马忠太、王洪刚诉称：根据双方合同约定，新疆鄂尔多斯彦海房地产开发有限公司（以下简称彦海公司）应于2014年9月30日向四人交付符合合同约定的房屋。但至今为止，彦海公司拒不履行房屋交付义务。故请求判令：一、彦海公司向汤龙、刘新龙、马忠太、王洪刚支付违约金6000万元；二、彦海公司承担汤龙、刘新龙、马忠太、王洪刚主张权利过程中的损失费用416300元；三、彦海公司承担本案的全部诉讼费用。

彦海公司辩称：汤龙、刘新龙、马忠太、王洪刚应分案起诉。四人与彦海公司没有购买和出售房屋的意思表示，双方之间房屋买卖合同名为买卖实为借贷，该商品房买卖合同系为借贷合同的担保，该约定违反了《中华人民共和国担保法》第四十条、《中华人民共和国物权法》第一百八十六条的规定无效。双方签订的商品房买卖合同存在显失公平、乘人之危的情况。四人要求的违约金及损失费用亦无事实依据。

法院经审理查明：汤龙、刘新龙、马忠太、王洪刚与彦海公司于2013年先后签订多份借款合同，通过实际出借并接受他人债权转让，取得对彦海公司合计2.6亿元借款的债权。为担保该借款合同履行，四人与彦海公司分别签订多份商品房预售合同，并向当地房屋产权交易管理中心办理了备案登记。该债权陆续到期后，因彦海公司未偿还借款本息，双方经对账，确认彦海公司尚欠四人借款本息361398017.78元。双方随后重新签订商品房买卖合同，约定彦海公司将其名下房屋出售给四人，上述欠款本息转为已付购房款，剩余购房款38601982.22元，待办理完毕全部标的物产权转移登记后一次性支付给彦海公司。汤龙等四人提交与彦海公司对账表显示，双方之间的借款利息系分别按照月利率3%和4%、逾期利率10%计算，并计算复利。

裁判结果

新疆维吾尔自治区高级人民法院于2015年4月27日作出（2015）新民一初字第2号民事判决，判令：一、彦海公司向汤龙、马忠太、刘新龙、王洪刚支付违约金9275057.23元；二、彦海公司向汤龙、马忠太、刘新龙、王洪刚支付律师费416300元；三、驳回汤龙、马忠太、刘新龙、王洪刚的其他诉讼请求。上述款项，应于判决生效后十日内一次性付清。宣判后，彦海公司以双方之间买卖合同系借款合同的担保，并非双方真实意思表示，且欠款金额包含高利等为由，提起上诉。最高人民法院于2015年10月8日作出（2015）民一终字第180号民事判决：一、撤销新疆维吾尔自治区高级人民法院（2015）新民一初字第2号民事判决；二、驳回汤龙、刘新龙、马忠太、王洪刚的诉讼请求。

裁判理由

法院生效裁判认为：本案争议的商品房买卖合同签订前，彦海公司与汤龙等四人之间确实存在借款合同关系，且为履行借款合同，双方签订了相应的商品房预售合同，并办理了预购商品房预告登记。但双方系争商品房买卖合同是在彦海公司未偿还借款本息的情况下，经重新协商并对账，将借款合同关系转变为商品房买卖合同关系，将借款本息转为已付购房款，并对房屋交付、尾款支付、违约责任等权利义务作出了约定。民事法律关系的产生、变更、消灭，除基于法律特别规定，需要通过法律关系参与主体的意思表示一致形成。民事交易活动中，当事人意思表示发生变化并不鲜见，该意思表示的变化，除为法律特别规定所禁止外，均应予以准许。本案双方经协商一致终止借款合同关系，建立商品房买卖合同关系，并非为双方之间的借款合同履行提供担保，而是借款合同到期彦海公司难以清偿债务时，通过将彦海公司所有的商品房出售给汤龙等四位债权人的方式，实现双方权利义务平衡的一种交易安排。该交易安排并未违反法律、行政法规的强制性规定，不属于《中华人民共和国物权法》第一百八十六条规定禁止的情形，亦不适用《最高人民法院关于审理民间借贷案件适用法律若干问题的规定》第二十四条规定。尊重当事人嗣后形成的变更法律关系性质的一致意思表示，是贯彻合同自由原则的题中应有之意。彦海公司所持本案商品房买卖合同无效的主张，不予采信。

但在确认商品房买卖合同合法有效的情况下，由于双方当事人均认可该合同项下已付购房款系由原借款本息转来，且彦海公司提出该欠款数额包含高额利息。在当事人请求司法确认和保护购房者合同权利时，人民法院对基于借款合同的实际履行而形成的借款本金及利息数额应当予以审查，以避免当事人通过签订商品房买卖合同等方式，将违法高息合法化。经审查，双方之间借款利息的计算方法，已经超出法律规定的民间借贷利率保护上限。对双方当事人包含高额利息的欠款数额，依法不能予以确认。由于法律保护的借款利率明显低于当事人对账确认的借款利率，故应当认为汤龙等四人作为购房人，尚未足额支付合同约定的购房款，彦海公司未按照约定时间交付房屋，不应视为违约。汤龙等四人以彦海公司逾期交付房屋构成违约为事实依据，要求彦海公司支付违约金及律师费，缺乏事实和法律依据。一审判决判令彦海公司承担支付违约金及律师费的违约责任错误，本院对此予以纠正。

（生效裁判审判人员：辛正郁、潘杰、沈丹丹）

十二、承租人的优先购买权

核心规范

中华人民共和国合同法

第二百三十条　出租人出卖租赁房屋的，应当在出卖之前的合理期限内通知承租人，承租人享有以同等条件优先购买的权利。

最高人民法院关于审理城镇房屋租赁合同纠纷案件具体应用法律若干问题的解释

第二十一条　出租人出卖租赁房屋未在合理期限内通知承租人或者存在其他侵害承租人优先购买权情形，承租人请求出租人承担赔偿责任的，人民法院应予支持。但请求确认出租人与第三人签订的房屋买卖合同无效的，人民法院不予支持。

第二十二条　出租人与抵押权人协议折价、变卖租赁房屋偿还债务，应当在合理期限内通知承租人。承租人请求以同等条件优先购买房屋的，人民法院应予支持。

第二十三条　出租人委托拍卖人拍卖租赁房屋，应当在拍卖5日前通知承租人。承租人未参加拍卖的，人民法院应当认定承租人放弃优先购买权。

第二十四条　具有下列情形之一，承租人主张优先购买房屋的，人民法院不予支持：

（一）房屋共有人行使优先购买权的；

（二）出租人将房屋出卖给近亲属，包括配偶、父母、子女、兄弟姐妹、祖父母、外祖父母、孙子女、外孙子女的；

（三）出租人履行通知义务后，承租人在十五日内未明确表示购买的；

（四）第三人善意购买租赁房屋并已经办理登记手续的。

【注意问题】

《最高人民法院关于审理城镇房屋租赁合同纠纷案件具体应用法律若干问题的解释》第二十一条规定："出租人出卖租赁房屋未在合理期限内通知承租人或者存在其他侵害承租人优先购买权情形，承租人请求出租人承担赔偿责任的，人民法院应予支持。但请求确认出租人与第三人签订的房屋买卖合同无效的，人民法院不予支持。"该条对出卖人与第三人订立的买卖合同的效力做出了明确规定，只要双方买卖的意思表示真实，且无虚高定价排除优先购买权人行使权利的恶意，出于保护善意第三人的需要，应当认定合同有效。在此之前各地法院出台的裁判指导意见，与此规定多有冲突矛盾之处，应予注意。

裁判意见

北京市高级人民法院关于审理房屋买卖合同纠纷案件适用法律若干问题的指导意见（试行）（2010 年 12 月 22 日）

第二十六条　出租人转让房屋给第三人，侵害承租人优先购买权，承租人请求判决其与出租人在与第三人同等条件下成立房屋买卖合同关系，出租人为其办理房屋所有权转移登记，经审查承租人购买房屋的意思表示真实，且具备合同履行能力的，法院可以支持其诉讼请求，并判决承租人在合理期限内依同等条件支付房屋价款，但法律、司法解释另有规定的除外。法院在审理过程中可以根据案件实际情况要求承租人提供相应的担保以证明其具备合同履行能力。

承租人在诉讼中仅要求法院确认其对房屋享有优先购买权，而不要求行使优先购买权，经法院释明后仍坚持不变更的，对承租人的诉讼请求，不予支持。

上海市高级人民法院关于房产案件若干争议问题的处理意见（2016 年 3 月 8 日）

一、房屋租赁合同纠纷

（二）侵犯承租人优先购买权的赔偿问题

出租人出卖租赁房屋未在合理期限内通知承租人或者存

在其他侵害承租人优先购买权情形，承租人请求出租人承担赔偿责任的，人民法院应予支持。但承租人的损失如何计算，审判实践中存在不同意见。

倾向性意见认为，对于侵犯承租人优先购买权的赔偿责任，当事人之间有约定的，则从其约定。若无约定的，出租人则应赔偿由此对承租人造成的损失，包括直接损失和可得利益损失。其中房屋升值损失的确定，应以守约方的请求为基础，结合侵犯承租人优先购买权之日、承租人知悉或应当知悉权利被侵害之日等的房屋市场成交价格变化等情况，还应综合考虑承租人是否已采取必要措施防止损失扩大等因素予以合理确定。

江苏省高级人民法院关于审理城镇房屋租赁合同纠纷案件若干问题的意见（2008年12月15日）

第七条　出租人出卖租赁房屋侵害承租人优先购买权，承租人要求出租人赔偿损失的，人民法院应予支持。

承租人以出租人与第三人之间恶意串通，侵害其优先购买权，要求确认出租人与第三人之间的房屋买卖合同无效的，人民法院应予支持。

出租人与第三人之间的房屋买卖合同被确认无效或者被撤销的，承租人要求按第三人购买房屋的同等条件购买的，人民法院不予支持，但出租人同意的除外。

第八条　出租人没有通知承租人，将租赁房屋出卖给第三人，第三人未办理房屋产权过户登记手续，承租人要求撤销租赁房屋买卖合同的，人民法院应予支持。

出租人没有通知承租人，将租赁房屋出卖给第三人，第三人已经办理房屋产权过户登记手续，承租人要求撤销租赁房屋买卖合同的，人民法院不予支持，但承租人能够证明第三人在订立合

同时知道或应当知道房屋存在租赁关系且未到期，出租人出卖房屋未通知承租人的除外。

湖南省高级人民法院关于房屋买卖、租赁纠纷案件适用法律问题的指导意见（试行）（2008 年 1 月 4 日）

十五、出租人出售租赁房屋，一般应于出售房屋前三个月书面通知承租人。书面通知确有困难的，可以采取报刊、电视、电话、在租赁房屋张贴公告等方式通知承租人。

出租人出售房屋，承租人主张行使优先购买权，有下列情形之一的，不予支持：

（一）房屋共有人主张优先购买权的；

（二）出租人基于其与第三人的近亲属关系而出售租赁房屋的；

（三）出租人出售的是整体房屋，而承租人仅主张购买其租赁部分房屋的；或者承租人虽主张购买整体房屋，但其

承租面积未达到整体房屋面积50%以上的；

（四）善意第三人买受房屋并已过户的。

承租人的优先购买权被侵害，请求确认出租人与第三人房屋买卖合同无效的，应予支持。但请求按该房屋买卖合同的约定直接买受该房屋的，不予支持。

承租人自知道或应当知道租赁房屋已出售，在三十日内未提出异议的，可认定其自动放弃权利。

十三、商品房的交付与受领

核心规范

中华人民共和国合同法

第一百三十八条　出卖人应当按照约定的期限交付标的物。约定交付期间的，出卖人可以在该交付期间内的任何时间交付。

第一百三十九条　当事人没有约定标的物的交付期限或者约定不明确的，适用本法第六十一条、第六十二条第四项的规定。

第一百四十条　标的物在订立合同之前已为买受人占有的，合同生效的时间为交付时间。

……

第一百四十二条　标的物毁损、灭失的风险，在标的物交付之前由出卖人承担，交付之后由买受人承担，但法律另有规定或者当事人另有约定的除外。

第一百四十三条　因买受人的原因致使标的物不能按照约定的期限交付的，买受人应当自违反约定之日起承担标的物毁损、灭失的风险。

中华人民共和国城市房地产管理法

第二十七条　房地产开发项目的设计、施工，必须符合国家的有关标准和规范。

房地产开发项目竣工，经验收合格后，方可交付使用。

最高人民法院关于审理商品房买卖合同纠纷案件适用法律若干问题的解释

第十一条　对房屋的转移占有，视为房屋的交付使用，但当事人另有约定的除外。

房屋毁损、灭失的风险，在交付使用前由出卖人承担，交付使用后由买受人承担；买受人接到出卖人的书面交房通知，无正当理由拒绝接收的，房屋毁损、灭失的风险自书面交房通知确定的交付使用之日起由买受人承担，但法律另有规定或者当事人另有约定的除外。

第十二条　因房屋主体结构质量不合格不能交付使用，或者房屋交付使用后，房屋主体结构质量经核验确属不合格，买受人请求解除合同和赔偿损失的，应予支持。

……

第十四条　出卖人交付使用的房屋套内建筑面积或者建

筑面积与商品房买卖合同约定面积不符，合同有约定的，按照约定处理；合同没有约定或者约定不明确的，按照以下原则处理：

（一）面积误差比绝对值在3％以内（含3％），按照合同约定的价格据实结算，买受人请求解除合同的，不予支持；

（二）面积误差比绝对值超出3％，买受人请求解除合同、返还已付购房款及利息的，应予支持。买受人同意继续履行合同，房屋实际面积大于合同约定面积的，面积误差比在3％以内（含3％）部分的房价款由买受人按照约定的价格补足，面积误差比超出3％部分的房价款由出卖人承担，所有权归买受人；房屋实际面积小于合同约定面积的，面积误差比在3％以内（含3％）部分的房价款及利息由出卖人返还买受人，面积误差比超过3％部分的房价款由出卖人双倍返还买受人。

第十五条　根据《合同法》第九十四条的规定，出卖人迟延交付房屋或者买受人迟延支付购房款，经催告后在三个月的合理期限内仍未履行，当事人一方请求解除合同的，应予支持，但当事人另有约定的除外。

法律没有规定或者当事人没有约定，经对方当事人催告后，解除权行使的合理期限为三个月。对方当事人没有催告的，解除权应当在解除权发生之日起一年内行使；逾期不行使的，解除权消灭。

裁判意见

北京市高级人民法院关于审理房屋买卖合同纠纷案件若干疑难问题的会议纪要（2014年12月16日）

十二、商品房不符合交付条件的处理

买受人要求交付商品房，经审查房屋已经完工但未办理竣工验收手续，不符合法定强制性交付条件的，可以判决出卖人在合理期限内组织工程竣工验收，并将验收合格的房屋交付给买受人，但买卖合同存在永久性履行不能情形的除外。

买受人明知商品房不具备法定或约定交付条件仍同意接收房屋后，又以房屋不具备交付条件为由主张逾期交房违约金的，不予支持，但买受人有权要求出卖人依据法律规定或合同约定完善房屋交付条件，并主张因房屋交付条件不具备给其造成的实际损失。

商品房买卖合同示范文本约定出卖人“于房屋实际交付之日起三十日内支付违约金”，出卖人实际逾期交付房屋的，买受人应当依合同约定的履行期限主张逾期交房违约金；房屋逾期尚未实际交付，买受人主张逾期交房违约金，出卖人以合同约定的履行期限尚未届至为由提出抗辩的，不予采信。

十三、买受人拒绝接收商品房的处理

出卖人交付的房屋符合商品房买卖合同约定及法定的强制性交付条件和质量标准，买受人以房屋质量存在表面瑕疵为由拒绝接收房屋，并要求出卖人承担逾期交房违约责任的，一般不予支持，但买受人确有证据证明房屋在交付时存在功能性质量瑕疵以致严重影响正常居住使用的除外。买受人接收房屋不影响出卖人对房屋的质量瑕疵承担保修义务。

天津市高级人民法院关于审理房屋买卖合同纠纷案件若干问题的审判委员会纪要（2018年11月26日）

一、商品房的预售与买卖相关问题

（四）因停工令造成逾期交房的问题

因受政府有关部门依据相关文件发布停工令的直接影响，商品房无法在合同约定时间交付买受人，一般应认定合同迟延履行属于不可归责于出卖人的情形，人民法院可以根据停工令确定的天数并结合案件实际情况，免除出卖人相应的逾期交付商品房违约责任。

重庆市高级人民法院关于当前民事审判若干法律问题的指导意见（2007年11月22日）

36. 商品房的交付。开发商交付商品房除了满足约定的交房条件处，还应当通过消防验收，未通过消防验收的，买受人可以拒绝接收，并可要求开发商承担违约责任。但合同另有约定的除外。

买受人接收了未通过消防验收的商品房，后商品房通过了消防验收，买受人又以出卖人交付房屋时未通过消防验收为由，请求判令出卖人承担逾期交房违约责任的，人民法院可以比照最高人民法院《关于审理商品房买卖合同纠纷案件适用法律若干问题的解释》逾期办证违约责任的规定酌定处理。

山东省高级人民法院关于印发全省民事审判工作会议纪要的通知（2011年12月2日）

二、关于房地产纠纷案件

（六）关于房屋交付条件中验收合格的理解与适用问题

依据《城市房地产管理法》第27条和国务院《城市房地产开发经营管理条例》第17条的规定，房地产开发项目竣工，经验收合格后，方可交付使用。根据上述规定，验收合格是房屋出卖人将房屋交付给买受人的法定条件，但对验收合格的标准，司法实践中认识不尽相同。根据我国现行房地产法律、行政法规的规定，房地产开发项目竣工后，房地产开发企业应当向当地行政主管部门提出竣工验收申请，由房地产开发主管部门对涉及公共安全的内容，组织工程质量监督、规划、消防、环保等有关单位进行验收，因此，商品房交付时的验收合格应以有关行政主管部门完成综合验收为标准。因为，房屋的验收合格，除要求房屋的质量符合国家规定的强制性安全标准或者合同约定的标准外，还需要满足买受人或者房屋使用人正常的居住和生活需要，因此，出卖人交付的房屋应是完成了工程竣工验收、消防、配套设施、绿化、环保等综合验收。

安徽省高级人民法院关于审理房屋买卖合同纠纷案件适用法律问题的指导意见（2012 年 3 月 5 日）

4. 房屋买卖格式合同约定以“该商品房经验收合格”作为交付条件，一般应以出卖人（建设单位）组织勘察、设计、施工、监理等单位进行工程竣工验收并出具验收合格的意见作为认定房屋经验收合格的依据。但规划、公安消防、环保、城建档案管理等专门管理部门尚未出具认可性意见的，不应认定房屋已经验收合格。

5. 出卖人交付的房屋不符合本意见第 4 条规定的交付条件，买受人接收了房屋后以出卖人交付房屋时“未经验收合格”为由主张逾期交房违约责任的，在一审法庭辩论终结前出卖人能够提供完整的《工程竣工验收报告》，对买受人的诉讼请求一般不予支持。

6. 房屋买卖合同约定出卖人在交付房屋时须提供《住宅质量保证书》、《住宅使用说明书》等文件，出卖人实际交付房屋时未能提供上述文件的，买受人有权拒绝接收房屋，但买受人接收房屋后又以出卖人未能依约提供上述文件为由主张逾期交房违约责任的，一般不予支持。

广东省高级人民法院关于审理房屋买卖合同纠纷案件的指引（2017 年 9 月 12 日）

三十、根据《住房和城乡建设部关于进一步加强房地产市场监管完善商品房住房预售制度有关问题的通知》（建房〔2010〕53 号）第十一条的规定，交付使用的商品房应当经过竣工验收合格并已在当地建设行政主管部门办理工程竣工验收备案。

合同约定的交付条件高于前款标准的，以合同约定为准；合同约定的交付条件低于前款标准的，按前款规定认定。

三十一、出卖人交付的商品房符合合同约定及法定交付条件，买受人以商品房质量存在瑕疵为由拒绝接收，并要求出卖人承担逾期交房违约责任的，不予支持，但买受人有证据证明商品房在交付时存在严重影响正常居住使用的质量问题的除外。买受人接收商品房不影响出卖人对商品房质量问题承担保修义务。

商品房符合合同约定的交付条件，且合同约定的交付期限届满，出卖人已经依约通知买受人接收商品房，买受人无正当理由拒绝接收的，视为办理交付手续的期限届满之日商品房已经交付。

三十二、买受人知道商品房不具备约定或者法定交付条件同意接收商品房，又以商品房不具备交付条件为由主张逾期交房违约责任的，不予支持。但买受人可以请求出卖人依据法律规定或者合同约定完善商品房交付条件，并赔偿因此造成的实际损失。

三十三、商品房出卖人以买受人没有缴纳公共维修基金、前期物业费等为由拒绝交付商品房的，不予支持。

海南省高级人民法院关于办理商品房买卖合同纠纷案件的指导意见(试行)(2011年审判委员会第1次会议讨论通过)

6. 对房屋的交付使用，当事人有约定的，从约定；没有约定的，开发商将房屋实际交付买房人占有或将房屋钥匙交给买房人的均视为已实际交付使用。

上海市高级人民法院关于印发《关于民事案件审理的几点具体意见》的通知(2000年8月15日)

21. 如何认定房屋交付？

对房地产的交付条件、交付日期的认定，长期以来存在较大争议，有的法院看是否取得《住宅交付使用许可证》，有的法院看开发商有没有取得《房地产权证》(大产证)，还有的看开发商有没有与买受人办理房屋交接手续。究竟以何为准？

我们认为，《城市房地产管理法》实施已逾五年，继续从宽不利于规范房地产市场，不利于树立法律权威。目前严格依照《城市房地产管理法》规定办理的时机已成熟。因此我们考虑在商品房预、现售条件上、在商品房交付条件、交付时间认定上应当严格依照法律法规处理。具体掌握为：

预售商品房出售人在约定的交房日应当取得《房地产权证》（大产证），并与买受人办理房屋交接手续（俗称交钥匙），通知买受人办理过户手续。现售商品房出售人在约定的交房日也应当取得《房地产权证》（大产证）并与买受人办理房屋交接手续（交钥匙），通知买受人办理过户手续。违反其中一项的，开发商应当承担违约责任。买受人迟延受领或拒绝受领的，开发商不负延期交付责任。当事人在销售合同中对违约金计付期限有约定的从约定，无约定的，违约金自约定履行期间届满之日起计付至所有义务中最迟一项完成之日止。

贵州省高级人民法院关于审理商品房买卖合同纠纷案件若干问题的指导意见（一）（试行）（2005年8月1日）

14. 商品房买卖合同中所指交付使用是指出卖人将房屋转移买受人占有，但当事人另有约定的除外。

合同双方约定的交付时间、方式、条件具有法律约束力。如果出卖人违反约定条件交付，买受人可以拒绝接受，出卖人应当承担逾期交房的违约责任。出卖人交付的房屋虽不符合约定交付条件，但买受人已经实际接受的，应视为交付使用，但并不免除出卖人房屋质量责任。

江苏省高级人民法院关于审理房地产合同纠纷案件若干问题的解答（征求意见稿）（2017年8月15日）

31. 公共部分或公共设施交付不符合约定如何处理?

出卖人交付的绿地、消防等公共部分、公共设施不符合商品房买卖合同约定的，买受人依据商品房买卖合同中的约定，请求出卖人承担违约责任的，应予支持。

商品房买卖合同中对公共部分、公共设施交付不符合约定的情形未明确约定违约责任的，且无法采取补救措施，买受人请求出卖人赔偿损失的，应予支持；可以采取补救措施的，买受人未与其他业主协商形成多数意见而直接请求出卖人赔偿损失的，不予支持。

【说明】有观点认为，对于可以采取补救措施的，应赋予单个业主起诉的权利，收益共享。本条认为属于业主共有的范畴，应形成多数决。

32. 土地使用权证使用年限缩水如何处理?

因出卖人变更了土地性质、用途，导致商品房土地使用权年限明显减少，出卖人未尽告知义务的，买受人请求出卖人承担违约或赔偿责任的，应予支持。

【说明】有观点认为，目前土地使用权到期后自动续期，故买受人没有损失，对此不应支持。本条认为在目前法律没有明确自动无偿续期的情况下，应赋予买受人请求赔偿的权利。

33．商品房交付标准如何确定？

如果地方政府对于商品房交付有相关规定的，应当按照地方政府的规定执行。如果地方政府对此没有规定，当事人选择了经竣工验收合格，该交付标准只需设计、建设、监理、施工四方验收合格即可，无需经过验收备案。

34．商品房不符合交付标准的如何处理？

出卖人交付的商品房不符合合同约定或法定的交付条件，或出卖人不出示竣工验收备案等法定交付证明文件的，买受人拒收，并请求出卖人承担迟延交房责任的，应予支持。

买受人明知出卖人交付的商品房不符合合同约定或法定的交付条件，仍然接受房屋，买受人要求出卖人承担迟延交付责任的，不予支持。但因交付的商品房不符合合同约定或法定的交付条件，给买受人造成其他损失的，应予赔偿。

35．严重影响正常居住使用的情形如何判断？

出卖人交付的房屋虽符合合同约定，但仍存在下列严重影响正常居住使用的情形的，买受人可以拒绝接收，或在收房后一年内请求解除合同和赔偿损失的，人民法院应予支持：

（1）出卖人擅自变更商品房的朝向、户型等规划、设计条件的；

（2）房屋存在渗漏、异响等，在合理期限内无法查明原因或经出卖人维修仍无法修复的；

（3）水、电、气等基础设施无法实际投入使用的；

（4）消防设施未经过验收合格或无法实际投入使用的；

（5）订立合同时出卖人未披露房屋存在违反善良风俗情形的；

（6）其他严重影响正常居住使用的情形。

……

44. 商品房买卖合同逾期交房违约金调整如何处理？

商品房买卖合同中约定，开发商逾期交房应向购房者支付违约金，一般约定的违约金为日万分之三或日万分之五，实际发生逾期交房而诉至法院时，开发商主张约定的违约金过高要求调整的，按以下方式处理：

（1）合同对于违约金有明确约定的，按照约定处理，一般不轻易否定其效力。

（2）当事人主张违约金过高，要求调整的，由违约方对损失过高进行举证，守约方对于其损失进行反证，对于违约金的上限参照民间借贷利率标准，最高不得超过已付购房款的24%。

（3）没有明确约定的，违约金按照《商品房买卖司法解释》第17条标准确定，即按照逾期交付使用房屋期间有关主管部门公布或者有资格的房地产评估机构评定的同地段同类房屋租金标准确定。

十四、房屋质量纠纷

核心规范

中华人民共和国合同法

第一百四十八条　因标的物质量不符合质量要求，致使不能实现合同目的的，买受人可以拒绝接受标的物或者解除合同。买受人拒绝接受标的物或者解除合同的，标的物毁损、灭失的风险由出卖人承担。

……

第一百五十三条　出卖人应当按照约定的质量要求交付标的物。出卖人提供有关标的物质量说明的，交付的标的物应当符合该说明的质量要求。

第一百五十四条　当事人对标的物的质量要求没有约定或者约定不明确，依照本法第六十一条的规定仍不能确定的，适用本法第六十二条第一项的规定。

第一百五十五条　出卖人交付的标的物不符合质量要求

的，买受人可以依照本法第一百一十一条的规定要求承担违约责任。

最高人民法院关于审理商品房买卖合同纠纷案件适用法律若干问题的解释

第十二条　因房屋主体结构质量不合格不能交付使用，或者房屋交付使用后，房屋主体结构质量经核验确属不合格，买受人请求解除合同和赔偿损失的，应予支持。

第十三条　因房屋质量问题严重影响正常居住使用，买受人请求解除合同和赔偿损失的，应予支持。

交付使用的房屋存在质量问题，在保修期内，出卖人应当承担修复责任；出卖人拒绝修复或者在合理期限内拖延修复的，买受人可以自行或者委托他人修复。修复费用及修复期间造成的其他损失由出卖人承担。

第十四条　出卖人交付使用的房屋套内建筑面积或者建筑面积与商品房买卖合同约定面积不符，合同有约定的，按照约定处理；合同没有约定或者约定不明确的，按照以下原则处理：

（一）面积误差比绝对值在3%以内（含3%），按照合同约定的价格据实结算，买受人请求解除合同的，不予支持；

（二）面积误差比绝对值超出3%，买受人请求解除合同、返还已付购房款及利息的，应予支持。买受人同意继续履行合同，房屋实际面积大于合同约定面积的，面积误差比在3%以内（含3%）部分的房价款由买受人按照约定的价格补足，面积误差比超出3%部分的房价款由出卖人承担，所有权归买受人；房屋实际面积小于合同约定面积的，面积误差比在3%以内（含3%）部分的房价款及利息由出卖人返还买受人，面积误差比超过3%部分的房价款由出卖人双倍返还买受人。

裁判意见

北京市高级人民法院关于印发《北京市法院重大疑难民事案件研究指导组会议纪要》的通知（2003年2月13日）

三、关于业主因所购房屋墙体持续散发氨气等刺激性气体起诉房地产开发公司要求退房、赔偿案件的法律适用

近来，我市法院受理了一批业主因所购房屋墙体持续散发氨气等刺激性气体起诉房地产开发公司要求退房、赔偿的案件。此类案件的基本情况为，双方所签房屋买卖合同合法有效，且实际履行。诉争房屋质量检验合格，但房间内空气中氨气等刺激性气体浓度严重超过国家标准，对人体会造成一定损害。这类刺激性气味产生于建筑房屋结构中所使用的添加剂。建筑材料添加剂曾经为建筑行业长期准用，在建材搅拌站统一搅拌时掺入，至2000年12月31日前仍允许使用。截至目前，居室内空气质量并未列为工程竣工核验质量的标准之一。对该类案件如何适用法律，各院认识不一。2002年，

二中院就属此类纠纷的刘忠与华德房地产有限公司购房、赔偿一案所涉及的法律适用问题向高院民一庭请示。

高院经研究（经审判委员会讨论通过），对该类案件的法律适用提出了倾向性意见，即基于现在予以限制或逐步淘汰的污染环境的添加剂曾经为建筑行业长期准用，而大量的相关退房、赔偿诉讼源于人们对居室环保意识的觉醒及提高，房地产开发商和业主均无过错，因此，处理此类案件，在立足保护业主基本人权的同时，要尊重历史的沿革，避免以现在的标准判断、衡量过去的事物。故宜判决房地产开发商采取补救措施以减轻损害，或者承担一定的经济补偿责任，而不宜支持业主要求退房的诉讼请求。

鉴于该法律问题涉及对重大社会利益的调整，对北京乃至全国大量类似案件的处理具有普遍的意义，高院将上述倾向性意见并另一种支持业主要求退房的诉讼请求的意见报最高法院，最高法院经研究后，电话答复高院，同意高院提出的倾向性意见。

天津市高级人民法院关于审理房屋买卖合同纠纷案件若干问题的审判委员会纪要（2018 年 11 月 26 日）

一、商品房的预售与买卖相关问题

（二）商品房质量瑕疵问题

出卖人交付的商品房符合法定的交付条件、质量标准以及商品房买卖合同约定，买受人以商品房质量存在轻微瑕疵为由拒绝接收商品房，并要求出卖人承担逾期交付商品房违约责任的，不予支持。但买受人有证据证明商品房在交付时存在的质量瑕疵足以影响正常居住使用的除外。接收商品房以后，买受人要求出卖人应对商品房的质量承担瑕疵担保责任的，应予支持。

出卖人应当将商品房存在的隐蔽瑕疵如实告知买受人。对于商品房存在的隐蔽质量瑕疵，买受人要求出卖人承担维修义务并承担赔偿责任的，应予支持。

上海市高级人民法院关于审理“二手房”买卖案件若干问题的解答（2005 年 12 月 16 日）

7.“二手房”买卖合同中，因房屋质量问题引发纠纷，出卖人应如何承担房屋质量瑕疵担保责任？

答：买卖合同的出卖人应就买卖标的物向买受人承担质量瑕疵担保责任。但由于“二手房”买卖中的标的物一般已使用一定年限，并存在装修、装饰等现状，买受人对房屋的瑕疵状况也应有理性的判断。因此，对于出卖人故意隐瞒房屋质量瑕疵的，应承担赔偿责任。对于出卖人已如实告知瑕疵或买受人已明知瑕疵的，则出卖人不承担责任。对于房屋的隐蔽瑕疵，如并非出卖人在装璜、使用过程中所产生，而系房屋本身所固有的，若没有证据证明出售一方对此是知晓的，出卖人亦不承担瑕疵担保责任，但买受人可以房屋所有人身份，依据因合同转让而取得的权利，向开发商主张保修责任或赔偿责任。

上海市高级人民法院关于印发《关于民事案件审理的几点具体意见》的通知（2000 年 8 月 15 日）

22．房屋有质量缺陷，当事人能否据此要求退房？

我们认为，买卖合同的出卖方对所售物品负有质量担保义务，开发商在出售房屋时应当保证售出的房屋无质量瑕疵，否则即为违约。根据《民法通则》第一百三十四条之规定，开发商如有违约，承购人有权要求开发商承担修理、重作、更换；赔偿损失；支付违约金的民事责任，违约致使合同无法履行的，承购人还可以要求解除合同。因此，当房屋存在质量缺陷时，承购人可以要求退房，但在具体掌握上，应当注意，能够修复的应先修复；无法修复，或因房屋主体质量不合格影响居住安全的，可以解除合同。法院不能确定房屋质量缺陷程度的，应当委托相关的房屋质量检测部门进行检测，不能出现因为法院的轻率认定给当事人造成不必要损失的情况。

辽宁省沈阳市中级人民法院关于审理房地产案件若干问题的处理意见（之一）（2004 年 3 月 27 日）

10．商品房预售合同的效力及解除问题

……

（4）买受人以该房屋质量有瑕疵为由，要求解除预售合同的，应当根据质量问题的严重程度来分析，对于商品房已经验收合格，没有严重质量问题，不影响居住的，应不予支持。商品房交付使用后，买受人认为主体结构质量不合格的，并依照有关规定委托工程质量检测机构重新核验。经核验，确属主体结构质量不合格的，房地产开发企业没有足够证据进行反驳的，买受人要求退房的，人民法院应予支持，给买受人造成损失的，房地产开发企业应当依法承担赔偿责任。

（5）合同约定面积与产权登记面积发生误差的处理原则。按套（单元）内建筑面积或者建筑面积计价的，当事人在合同中载明合同约定面积与产权登记面积发生误差的处理方式，依约定处理。合同未作约定的，按以下原则处理：（1）面积误差比在3%以内（含3%）的，据实结算房价款；（2）面积误差比超出3%时，买受人要求退房的。人民法院应予支持。房地产开发企业应当在买受人提出退房之日起30日内将买受人已付房价款退还给买受人，同时支付已付房价款利息。买受人不退房的，产权登记面积大于合同约定面积时，面积误差比在3%以内（含3%）部分的房价款由买受人补足；超出3%部分的房价款由房地产开发企业承担，产权归买受人。产权登记面积小于合同约定面积时，面积误差比在3%以内（含3%）部分的房价款由房地产开发企业返还买受人；超出3%部分的房价款由房地产开发企业双倍返还买受人。

$$面积误差比=\frac{产权登记面积-合同约定面积}{合同约定面积}\times 100\%$$

湖南省高级人民法院关于房屋买卖、租赁纠纷案件适用法律问题的指导意见（试行）（2008年1月4日）

十、出卖人变更房屋设计后未通知买受人，买受人以实际交付房屋的结构形式、户型、空间尺寸、朝向与合同约定不一致，且超过行业标准，请求解除合同，并要求出卖人承担违约责任和赔偿损失的，应予支持。当事人对损失的计算有约定的，从其约定；未约定的，应综合考虑资金占用、房价变动等因素计算和认定损失。

出卖人变更设计后通知了买受人的，按照《商品房销售管理办法》第二十四条的规定处理。

江苏省高级人民法院民一庭房屋买卖合同纠纷案件疑难问题法律适用研讨会综述（2004年11月）

一、商品房买卖合同纠纷案件疑难问题法律适用

……

4. 关于面积误差问题的法律适用

依据《解释》[①]第十四条规定，出卖人交付使用的房屋面

① 指《最高人民法院关于审理商品房买卖合同纠纷案件适用法律若干问题的解释》。

积与商品房买卖合同约定面积不符时，处理原则有二：首先交由当事人意思自决，表现为“合同有约定的，按照约定处理”；其次，在当事人意思未能自决的情况下，即在“合同没有约定或者约定不明确的”的情况下，才依据《解释》的规定处理。实践中，当事人在合同中往往约定有“多退少补、按实结算”等类似条款，这是否属于“合同有约定的，按照约定处理”的情形？如果属于这种情形，当面积误差过大以至明显不合理时，是否仍然简单套用“当事人另有约定除外”的规则？

《江苏省城市房地产交易管理条例》(以下简称《条例》)第十七条第二款规定：当事人双方虽在预售合同中约定以实际交付面积为准，但实际交付面积大于或者小于预售合同约定面积超过百分之三的，预购人有权退房。预购人退房的，适用前款第（一）项规定。预购人不退房的，大于或者小于部分不超过百分之三的，按照预售合同约定的价格多退少补；大于部分超过百分之三的，产权归预购人所有，并可以不支付该部分的房价款，小于部分超过百分之三的，预售人应当向预购人双倍返还该部分的房价款。

与会代表认为，第一，省人大常委会颁布的地方性法规是全省各级人民法院处理民事案件的依据。《条例》第十七条第二款的规定充分体现了保护群众利益，维护市场诚信的理念，具有江苏特色；而且，该规定是对当事人履行合同行为的规制，是对当事人权利义务关系的调整，并不涉及合同本身的效力。在这一点上，《条例》与《解释》并不矛盾。因此，对约定“按实结算”而引发的面积纠纷，应当适用《条例》的规定。第二，如果双方当事人在预售合同中明确约定了面积误差的具体比例及相应的处理方法，则应当尊重当事人的意思自治，根据合同约定进行裁判。

江苏省高级人民法院关于审理房地产合同纠纷案件若干问题的解答（征求意见稿）（2017 年 8 月 15 日）

27. 商品房质量纠纷如何处理?

出卖人向买受人交付的商品房存在地基及主体结构工程质量问题，买受人请求解除合同、赔偿损失或要求出卖人采取补救措施的，应予支持。

商品房经竣工验收备案，交付时存在前款以外其他质量问题足以严重影响买受人正常居住使用的，买受人请求解除合同、赔偿损失或要求出卖人采取补救措施的，应予支持。

房屋经过竣工验收备案，交付时存在质量瑕疵，但不影响买受人正常使用的，买受人拒收房屋，要求出卖人承担迟延交房违约责任的，不予支持。但出卖人对质量瑕疵进行维修时，给买受人造成损失的，应予赔偿。

28. 精装修商品房质量纠纷如何处理?

出卖人与买受人签订的商品房买卖合同中包含装修条

款，或者出卖人在与买受人签订商品房预售或买卖合同时指定买受人与其另行签订装修合同的，因装修部分存在的质量严重影响商品房品质的，买受人请求一并解除商品房买卖合同和装修合同并赔偿损失的，应予支持。

出卖人在与买受人签订商品房预售或买卖合同时指定买受人与其签订另行装修合同的，出卖人不能证明装修合同属于商品房买卖合同不可分割的组成部分，因装修部分存在的质量严重影响商品房品质或装修合同严重迟延履行的，买受人请求单独解除装修合同，应予支持。

装修存在质量瑕疵，但不影响买受人正常使用的，买受人拒收房屋，要求出卖人承担迟延交房违约责任的，不予支持。装修保修期内，出卖人应承担保修责任；出卖人拒绝保修或者在合理期限内拖延维修的，买受人自行或者委托他人维修后，就修复费用及修复期间造成的其他损失要求出卖人承担责任的，应予支持。

装修用材和施工工艺等应达到的标准，合同有约定的按约定，没有约定或约定不明的，结合出卖人销售时广告宣传内容等进行认定。

29. 出卖人指定精装修的商品房质量纠纷如何处理？

出卖人与买受人签订商品房买卖合同时，指定买受人与第三人另行签订装修合同的，对于装修质量问题，合同有约定的按约定，没有约定或约定不明的，买受人依据《合同法》第四百零二条规定，请求出卖人承担委托人责任的，应予支持。

30. 商品房设计缺陷和变更设计的如何处理?

商品房存在设计缺陷或在预售合同签订后变更设计的，出卖人不能证明买受人明知并接受，如严重影响买受人正常使用且无法通过其他措施予以补救的，买受人请求解除合同并赔偿损失的，应予支持。

可以通过一定措施予以补救或不严重影响买受人正常使用的，买受人请求出卖人采取补救措施或根据影响程度予以赔偿的，应予支持。

……

39. 面积误差有约定时如何处理?

商品房买卖合同订立时，房地产开发企业对商品房买卖合同中的面积误差条款等加重购房人义务的条款，应与买房人充分协商，并以足以引起买房人注意的文字、字体、符号或者其他明显标志作出提示并明确说明。没有提示说明的，适用《江苏省城市房地产交易管理条例》第 17 条的规定处理。有证据证明对于面积误差条款已经协商的，按照合同约定处理。

40. 层高误差如何处理?

对于商品房买卖合同约定的层高低于住建部《住宅设计规范》的，如果出卖人未向购房人披露的，买受人应有权解除合同。对于双方约定了符合前述条件的层高条件，但实际层高低于合同约定层高的，如果层高差异较大，对购房人生活造成较大不便的，购房人要求解除合同的，应予支持。如果差异不大，购房人无权要求解除合同，但可以要求赔偿损失，损失的计算可以参照合同约定的房价乘以相应的误差比例予以确定。

十五、户口问题

裁判意见

上海市高级人民法院关于审理“二手房”买卖案件若干问题的解答（2005年12月16日）

10. 二手房买卖中，当事人因户口问题发生争执，法院是否处理？

答：对于“二手房”买卖中，当事人约定出卖人迁出户口，并由买受人迁入户口，但嗣后因出卖人拒不迁出户口而引发纠纷的，我们已在2003年第3期《民事法律适用问答》中，对此问题作了明确，但实践中仍有不同理解。经研究，我们认为，当事人虽在买卖合同中就户口迁移事宜作出了约定，但户口迁移涉及相关行政部门的审批制度，属于行政管理范畴，不属于民事案件的受理范围。经释明后，当事人仍坚持主张迁移户口的，应裁定不予受理或驳回起诉。

广东省高级人民法院关于审理房屋买卖合同纠纷案件的指引（2017 年 9 月 12 日）

三十五、存量房屋的买受人起诉请求出卖人迁出户籍，不属于民事案件的受理范围。出卖人迁出户籍对房屋买卖合同的订立和房屋价格的确定有重大影响，买受人因出卖人拒不迁出户籍主张解除合同并赔偿损失的，应予支持。

江苏省高级人民法院关于审理房地产合同纠纷案件若干问题的解答（征求意见稿）（2017 年 8 月 15 日）

49. 户口问题如何处理？

房屋买卖中，当事人约定出卖人迁出户口，并由买受人迁入户口，但嗣后出卖人拒不迁出户口而引发纠纷的，由于户口迁移涉及相关行政部门的审批制度，属于行政管理范畴，不属于民事案件的受理范围。经释明，当事人仍坚持主张迁移户口的，应裁定不予受理或驳回起诉。

买受人以户口不能迁移主张解除合同或要求出卖人承担违约责任的，应当受理。

十六、合同的同时履行抗辩

核心规范

中华人民共和国合同法

第六十六条　当事人互负债务，没有先后履行顺序的，应当同时履行。一方在对方履行之前有权拒绝其履行要求。一方在对方履行债务不符合约定时，有权拒绝其相应的履行要求。

第六十七条　当事人互负债务，有先后履行顺序，先履行一方未履行的，后履行一方有权拒绝其履行要求。先履行一方履行债务不符合约定的，后履行一方有权拒绝其相应的履行要求。

裁判意见

北京市高级人民法院关于审理房屋买卖合同纠纷案件若干疑难问题的会议纪要（2014 年 12 月 16 日）

十五、对待给付义务的同时履行

买受人要求出卖人交付房屋或办理房屋过户登记，经审查合同约定买受人支付剩余购房款的义务先于或与出卖人的交房、过户义务同时履行，且买受人同意依约支付剩余购房款但出卖人拒绝受领的，法院应当向出卖人释明可以反诉要求支付剩余购房款，经释明出卖人坚持不反诉，仅以买受人未支付剩余购房款作为拒绝履行抗辩的，法院应当依据买受人的诉讼请求判决："出卖人在买受人依合同约定支付剩余购房款时，交付房屋、协助买受人办理房屋过户登记手续"。

十七、合同的继续履行

核心规范

中华人民共和国民法总则

第一百七十九条　承担民事责任的方式主要有：

（一）停止侵害；

（二）排除妨碍；

（三）消除危险；

（四）返还财产；

（五）恢复原状；

（六）修理、重作、更换；

（七）继续履行；

（八）赔偿损失；

（九）支付违约金；

（十）消除影响、恢复名誉；

（十一）赔礼道歉。

法律规定惩罚性赔偿的，依照其规定。

本条规定的承担民事责任的方式，可以单独适用，也可以合并适用。

中华人民共和国合同法

第一百零七条　当事人一方不履行合同义务或者履行合同义务不符合约定的，应当承担继续履行、采取补救措施或者赔偿损失等违约责任。

……

第一百一十条　当事人一方不履行非金钱债务或者履行非金钱债务不符合约定的，对方可以要求履行，但有下列情形之一的除外：

（一）法律上或者事实上不能履行；

（二）债务的标的不适于强制履行或者履行费用过高；

（三）债权人在合理期限内未要求履行。

最高人民法院关于适用《中华人民共和国合同法》若干问题的解释（二）

第二十六条　合同成立以后客观情况发生了当事人在订立合同时无法预见的、非不可抗力造成的不属于商业风险的重大变化，继续履行合同对于一方当事人明显不公平或者不能实现合同目的，当事人请求人民法院变更或者解除合同的，人民法院应当根据公平原则，并结合案件的实际情况确定是否变更或者解除。

最高人民法院关于审理商品房买卖合同纠纷案件适用法律若干问题的解释

第二十三条　商品房买卖合同约定，买受人以担保贷款方式付款、因当事人一方原因未能订立商品房担保贷款合同并导致商品房买卖合同不能继续履行的，对方当事人可以请求解除合同和赔偿损失。因不可归责于当事人双方的事由未能订立商品房担保贷款合同并导致商品房买卖合同不能继续履行的，当事人可以请求解除合同，出卖人应当将收受的购房款本金及其利息或者定金返还买受人。

裁判意见

北京市高级人民法院关于审理房屋买卖合同纠纷案件若干疑难问题的会议纪要（2014 年 12 月 16 日）

十一、请求合同继续履行的处理

当事人要求继续履行房屋买卖合同，但诉讼请求中没有具体履行内容的，法院应当向当事人释明，要求其变更诉讼请求明确具体履行内容，如支付购房款、交付房屋、办理房屋过户登记等，并告知仅判决继续履行合同存在履行内容不明确无法执行的风险；当事人坚持不变更的，可以根据当事人的请求作出相应的判决，并告知当事人在履行中发生新的争议可就具体履行内容另行起诉。

……

十七、第三人过户登记请求权的行使

房屋买卖合同中约定出卖人应向买受人指定的第三人办理房屋过户登记手续的，该第三人有权直接要求出卖人办理房屋过户登记；买受人也可以要求出卖人向其指定的第三人履行合同义务，但第三人拒绝受领的除外。

十八、出卖人死亡后房屋买卖合同的履行

出卖人在签订房屋买卖合同后死亡，买受人有权要求出卖人的继承人在继承遗产范围内继续履行合同债务，交付房屋并办理房屋过户登记。法院应当依据买受人的诉讼请求判决："出卖人的继承人协助买受人办理房屋过户登记手续"。

北京市高级人民法院关于审理房屋买卖合同纠纷案件适用法律若干问题的指导意见（试行）（2010年12月22日）

第二十条　房屋买卖合同签订后，出卖人未依约为买受人办理房屋所有权转移登记，买受人提起房屋确权之诉，要求确认房屋归其所有的，法院应当行使释明权，告知其应当变更诉讼请求要求出卖人办理所有权转移登记，买受人坚持不变更的，对其诉讼请求，不予支持。

……

第二十二条　房屋买卖合同签订后，一方当事人不同意继续履行，愿意以承担相应违约责任为代价解除合同，而另一方坚持要求继续履行，经审查合同继续履行不存在现实困难的，应当判决双方继续履行合同，但合同另有解约定金等约定或符合《合同法》第一百一十条规定情形的除外。

天津市高级人民法院关于审理房屋买卖合同纠纷案件若干问题的审判委员会纪要（2018 年 11 月 26 日）

二、二手房买卖相关问题

（二）关于合同继续履行的问题

当事人按照房地产行政主管部门的要求签订《天津市存量房屋买卖协议》以后，一方已依约履行主要义务并主张继续履行合同，另一方拒绝履行所有权转移登记、交接房款、交付房屋等后续合同义务，除属于《合同法》第一百一十条规定情形以外，人民法院应予支持。

当事人已经签订房产买卖协议或者已经与房产中介机构签订包含居间内容的房产买卖协议，但尚未签订《天津市存量房屋买卖协议》的，一方主张继续履行合同，另一方拒绝履行合同义务的，除属于《合同法》第一百一十条规定情形以外，人民法院应综合考量房地产行政主管部门意见、合同履行进度、房款交付情况、房屋实际状态等因素，确定涉案房屋买卖合同是否具备继续履行的条件。如果具备继续履行合同条件的，人民法院可以支持当事人继续履行合同的诉讼请求。如果不具备继续履行合同条件的，人民法院可以向当事人释明无法执行的风险，并告知其可以变更诉讼请求。

当事人对合同的履行与解除有特别约定的，从其约定。

当事人要求继续履行合同，应当在诉讼请求中明确具体履行内容，如支付购房款、交付房屋、办理所有权转移登记等。

对于出卖人不履行所有权转移登记义务的，买受人可以按合同约定要求出卖人履行所有权转移登记义务，但不能直接请求人民法院确认房屋产权归其所有。

上海市高级人民法院关于审理“二手房”买卖案件若干问题的解答（2005 年 12 月 16 日）

6. 合同签订后，一方不愿意再履行买卖合同，而另一方坚决要求继续履行的，如何处理?

答：按照约定全面履行合同义务是合同履行的一项基本原则。因此，除合同另有约定或出现可单方解除合同的法定情形外，无论是合同签订后的预期违约还是合同履行期届满后的实际违约，如另一方坚决要求继续履行的，除符合《合同法》第一百一十条规定外，应责令双方继续履行。在履行义务的同时，另一方还有其他损失的，应当赔偿损失。

对于确不能继续履行的，违约方应当赔偿因违约而给对方造成的损失，包括直接损失和预期可得利益损失。其中房屋涨跌损失的确定，可参照以下方式：一、双方协商确定的，从其约定；二、双方不能协商确定的：（一）原则上可比照最相类似房屋的市场成交价（首先是同幢相同楼层及房型；其次是相邻幢同楼层及房型；再次是相同区域内房屋）与买卖合同成交价之差确定房屋涨跌损失；（二）无最相类似房屋比照的，可通过专业机构评估确定房屋涨跌损失。认定损失的时间点应从保护守约方的利益出发，以守约方的请求为基础，结合合同约定的履行期限届满之日、违约方的违约行为确定之日以及审理中房屋的涨跌情况等，合理确定。

最后，守约方损失的认定还应综合考虑守约方的履约情况、违约方能预见的因房屋价值涨跌而产生的损失以及双方是否已采取必要措施防止损失扩大等因素。

……

9. 买卖合同成立后，出卖人未能自动履行产权过户义务。对此，实践中买受方既有主张确权的，也有要求出卖人履行产权过户义务的，如何处理？

答：在买卖合同履行过程中，双方间存在的是债权债务关系，买受人只能依据合同约定，要求出卖人履行合同义务，包括按约将标的物的所有权移转给买受人。买受人不能依据买卖合同而直接取得标的物的所有权，实践中也可能由于出现法律上或者事实上不能履行等法定情形，而导致买受人不能实际取得标的物所有权的情况发生。同时，确权之诉系对民事权利是否存在、如何归属等加以确认，而如前述，在出卖人未自动履行所有权移转义务前，买受人尚未取得标的物的所有权，其依据合同约定要求确认房屋所有权归其所有，缺乏基础。因此，对出卖人不履行产权过户义务的，买受人不能直接要求确认房屋产权归其所有，只能按合同约定要求出卖人履行产权过户义务。

上海市高级人民法院关于审理房产纠纷案件若干疑难问题的讨论纪要（1993年10月27日）

19. 审理房屋买卖案件，应尊重双方当事人的意思表示，只要双方的约定不违反法律政策，不损害国家利益、公共利益和他人利益，就应维护合同效力，因合同履行发生纠纷，只要合同能全部履行的，就应全部履行，能部分履行的，应部分履行，不能用赔偿损失代替合同履行。

20. 双方自愿，依法订立的房屋买卖合同，并经房产交易管理所批准，虽未办理所有权转移登记手续，后因出卖方反悔而产生的纠纷，应确认双方原定的合同有效，继续履行合同。确因出卖方的原因而致合同无法履行的，除判决出卖方退还全部价款外并可责令出卖方赔偿买受方购买同类房屋所要支去的价款与原购房价款之间的差额。

安徽省高级人民法院关于审理房屋买卖合同纠纷案件适用法律问题的指导意见（2012年3月5日）

16. 房屋买卖合同签订后，买受人已交付了全部价款并合法占有了房屋，在申请登记机构办理房屋所有权转移登记期间，该买受人对转移登记尚未完成没有过错，或者因出卖人原因无法办理转移登记，出卖人的债权人请求人民法院查封、拍卖、变卖该房屋，买受人提出异议的，应予支持。但有证据证明买受人与出卖人恶意串通损害债权人利益的除外。

17. 房屋买卖合同签订后，出卖人未依约协助买受人办理房屋所有权转移登记，买受人提起确权之诉，请求确认房屋归其所有的，人民法院应当对买受人进行释明，告知其变更诉讼请求为主张出卖人协助办理房屋所有权转移登记，买受人坚持不予变更的，应当驳回其诉讼请求。

买受人请求出卖人履行协助办理房屋所有权转移登记义务的，不受法律规定的诉讼时效期间的限制。

广东省高级人民法院关于审理房屋买卖合同纠纷案件的指引（2017年9月12日）

二十一、房屋被依法查封，买受人起诉请求出卖人办理房屋所有权转移登记的，人民法院可以向其释明变更诉讼请求为解除合同、赔偿损失，或者告知其可以依照民事诉讼法

第二百二十五条、第二百二十七条的规定主张权利。

二十二、出卖人无处分权不影响房屋买卖合同的效力，但买卖合同属于合同法第一百一十条第一项规定的法律上不能履行的情形，买受人请求出卖人继续履行合同的，人民法院可以向其释明变更诉讼请求为解除合同、赔偿损失。

……

二十六、房屋尚未办理所有权转移登记，买受人请求确认房屋归其所有的，人民法院应当向其释明变更诉讼请求为出卖人协助其办理房屋所有权转移登记。买受人不同意变更的，驳回其诉讼请求。

二十七、限购房屋的买受人请求出卖人协助办理房屋所有权转移登记的，人民法院应当按照《广东省高级人民法院广东省住房和城乡建设厅广东省司法厅关于在审判执行、办理公证工作中落实住房限购政策的意见》（粤高法〔2013〕403号），要求其在举证期限内提交房屋所在地房地产登记机构出具的《购房资格证明》。

……

三十六、买受人请求出卖人交付房屋或者办理房屋所有权转移登记，出卖人以买受人未履行付款义务抗辩，经审查合同约定买受人支付剩余购房款的义务先于或者与出卖人的交房、过户义务同时履行的，人民法院可以向出卖人释明反诉请求买受人支付剩余购房款，出卖人不提起反诉且合同符合继续履行条件的，可以作出同时履行判决，即出卖人在买受人依合同约定支付剩余购房款时，交付房屋、协助买受人办理房屋所有权转移登记。

三十七、当事人约定以办理房屋担保贷款作为付款方式的，出卖人拒绝配合办理担保贷款，买受人符合下列条件之一的，可以支持其继续履行合同的诉讼请求：

（一）已经依约付清购房款，或者同意在合理期限内一次性付清全部购房款且有充分证据证明其有履行能力的；

（二）同意代为清偿债务以消灭房屋上的抵押权，并且同意在合理期限内一次付清购房款且有充分证据证明其有履行能力的；

（三）已经取得银行贷款承诺函，且贷款银行在诉讼中明确表示同意按照承诺函发放贷款的。

除上述情形外，一般应当依照合同法第一百一十条第一项关于合同事实上不能履行的规定，对买受人继续履行合同的诉讼请求不予支持。

……

四十一、买受人请求办理房屋所有权转移登记的案件，人民法院可以告知其申请对房屋采取保全措施。

四十二、有权解除合同的当事人继续履行合同或者接受对方履行的，视为放弃合同解除权。

……

四十六、房屋交付后，买受人请求出卖人办理房屋所有权转移登记，出卖人提出诉讼时效抗辩的，不予支持。

十八、合同的解除权

核心规范

中华人民共和国合同法

第九十一条　有下列情形之一的，合同的权利义务终止：

（一）债务已经按照约定履行；

（二）合同解除；

（三）债务相互抵销；

（四）债务人依法将标的物提存；

（五）债权人免除债务；

（六）债权债务同归于一人；

（七）法律规定或者当事人约定终止的其他情形。

第九十二条　合同的权利义务终止后，当事人应当遵循诚实信用原则，根据交易习惯履行通知、协助、保密等义务。

第九十三条　当事人协商一致，可以解除合同。

当事人可以约定一方解除合同的条件。解除合同的条件成就时，解除权人可以解除合同。

第九十四条　有下列情形之一的，当事人可以解除合同：

（一）因不可抗力致使不能实现合同目的；

（二）在履行期限届满之前，当事人一方明确表示或者以自己的行为表明不履行主要债务；

（三）当事人一方迟延履行主要债务，经催告后在合理期限内仍未履行；

（四）当事人一方迟延履行债务或者有其他违约行为致使不能实现合同目的；

（五）法律规定的其他情形。

第九十五条　法律规定或者当事人约定解除权行使期限，期限届满当事人不行使的，该权利消灭。

法律没有规定或者当事人没有约定解除权行使期限，经对方催告后在合理期限内不行使的，该权利消灭。

第九十六条　当事人一方依照本法第九十三条第二款、第九十四条的规定主张解除合同的，应当通知对方。合同自通知到达对方时解除。对方有异议的，可以请求人民法院或者仲裁机构确认解除合同的效力。

法律、行政法规规定解除合同应当办理批准、登记等手续的，依照其规定。

第九十七条　合同解除后，尚未履行的，终止履行；已经履行的，根据履行情况和合同性质，当事人可以要求恢复原状、采取其他补救措施，并有权要求赔偿损失。

第九十八条　合同的权利义务终止，不影响合同中结算和清理条款的效力。

最高人民法院关于适用《中华人民共和国合同法》若干问题的解释（二）

第二十二条　当事人一方违反合同法第九十二条规定的义务，给对方当事人造成损失，对方当事人请求赔偿实际损失的，人民法院应当支持。

……

第二十四条　当事人对合同法第九十六条、第九十九条规定的合同解除或者债务抵销虽有异议，但在约定的异议期限届满后才提出异议并向人民法院起诉的，人民法院不予支持；当事人没有约定异议期间，在解除合同或者债务抵销通知到达之日起三个月以后才向人民法院起诉的，人民法院不予支持。

……

第二十六条　合同成立以后客观情况发生了当事人在订立合同时无法预见的、非不可抗力造成的不属于商业风险的重大变化，继续履行合同对于一方当事人明显不公平或者不能实现合同目的，当事人请求人民法院变更或者解除合同的，人民法院应当根据公平原则，并结合案件的实际情况确定是否变更或者解除。

最高人民法院关于审理商品房买卖合同纠纷案件适用法律若干问题的解释

第七条　拆迁人与被拆迁人按照所有权调换形式订立拆迁补偿安置协议，明确约定拆迁人以位置、用途特定的房屋对被拆迁人予以补偿安置，如果拆迁人将该补偿安置房屋另行出卖给第三人，被拆迁人请求优先取得补偿安置房屋的，应予支持。

被拆迁人请求解除拆迁补偿安置协议的，按照本解释第八条的规定处理。

第八条　具有下列情形之一，导致商品房买卖合同目的不能实现的，无法取得房屋的买受人可以请求解除合同、返还已付购房款及利息、赔偿损失，并可以请求出卖人承担不超过已付购房款一倍的赔偿责任：

（一）商品房买卖合同订立后，出卖人未告知买受人又将该房屋抵押给第三人；

（二）商品房买卖合同订立后，出卖人又将该房屋出卖给第三人。

……

第十五条　根据《合同法》第九十四条的规定，出卖人迟延交付房屋或者买受人迟延支付购房款，经催告后在三个月的合理期限内仍未履行，当事人一方请求解除合同的，应予支持，但当事人另有约定的除外。

法律没有规定或者当事人没有约定，经对方当事人催告后，解除权行使的合理期限为三个月。对方当事人没有催告的，解除权应当在解除权发生之日起一年内行使；逾期不行使的，解除权消灭。

……

第二十三条 商品房买卖合同约定，买受人以担保贷款方式付款、因当事人一方原因未能订立商品房担保贷款合同并导致商品房买卖合同不能继续履行的，对方当事人可以请求解除合同和赔偿损失。因不可归责于当事人双方的事由未能订立商品房担保贷款合同并导致商品房买卖合同不能继续履行的，当事人可以请求解除合同，出卖人应当将收受的购房款本金及其利息或者定金返还买受人。

第二十四条 因商品房买卖合同被确认无效或者被撤销、解除，致使商品房担保贷款合同的目的无法实现，当事人请求解除商品房担保贷款合同的，应予支持。

裁判意见

全国法院民商事审判工作会议纪要（2019年11月8日）

46.【通知解除的条件】审判实践中，部分人民法院对合同法司法解释（二）第24条的理解存在偏差，认为不论发出解除通知的一方有无解除权，只要另一方未在异议期限内以起诉方式提出异议，就判令解除合同，这不符合合同法关于合同解除权行使的有关规定。对该条的准确理解是，只有享有法定或者约定解除权的当事人才能以通知方式解除合同。不享有解除权的一方向另一方发出解除通知，另一方即便未在异议期限内提起诉讼，也不发生合同解除的效果。人民法院在审理案件时，应当审查发出解除通知的一方是否享有约定或者法定的解除权来决定合同应否解除，不能仅以受通知一方在约定或者法定的异议期限届满内未起诉这一事实就认定合同已经解除。

47.【约定解除条件】合同约定的解除条件成就时，守约方以此为由请求解除合同的，人民法院应当审查违约方的违约程度是否显著轻微，是否影响守约方合同目的的实现，根据诚实信用原则，确定合同应否解除。违约方的违约程度显著轻微，不影响守约方合同目的的实现，守约方请求解除合同的，人民法院不予支持；反之，则依法予以支持。

48.【违约方起诉解除】违约方不享有单方解除合同的权利。但是，在一些长期性合同如房屋租赁合同履行过程中，双方形成合同僵局，一概不允许违约方通过起诉的方式解除合同，有时对双方都不利。在此前提下，符合下列条件，违约方起诉请求解除合同的，人民法院依法予以支持：

（1）违约方不存在恶意违约的情形；

（2）违约方继续履行合同，对其显失公平；

（3）守约方拒绝解除合同，违反诚实信用原则。

人民法院判决解除合同的，违约方本应当承担的违约责任不能因解除合同而减少或者免除。

49.【合同解除的法律后果】合同解除时，一方依据合同中有关违约金、约定损害赔偿的计算方法、定金责任等违约责任条款的约定，请求另一方承担违约责任的，人民法院依法予以支持。

双务合同解除时人民法院的释明问题，参照本纪要第 36 条的相关规定处理。

北京市高级人民法院关于审理房屋买卖合同纠纷案件适用法律若干问题的指导意见（试行）（2010 年 12 月 22 日）

第二十一条　房屋买卖合同履行过程中，一方当事人构成根本违约的，守约方有权解除合同，违约方不享有合同法定解除权。如果因不可抗力或情事变更等原因，致使合同目的无法实现的，合同双方均有权要求解除合同。

……

第二十四条　房屋买卖合同签订后，因一方当事人根本违约致使另一方订立合同的目的不能实现，守约方要求解除合同，并要求违约方赔偿房屋差价损失、转售利益损失等可得利益损失的，应酌情予以支持，但当事人另有约定的除外。

在认定和计算可得利益损失时，应从守约方主张的可得利益赔偿总额中扣除守约方未采取合理措施不当扩大的损失、守约方亦有过失所造成的损失、守约方因此获得的利益以及守约方取得利益需要支出的必要的交易成本，并综合考虑守约方的履约情况等因素予以确定。

广东省高级人民法院关于审理商品房买卖合同纠纷案件若干问题的指导意见（2003年10月24日）

1. 人民法院在审理《城市房地产管理法》施行后订立的商品房买卖合同发生的一、二审纠纷案件时，对于当事人请求解除合同的，均应适用最高人民法院《关于审理商品房买卖合同纠纷案件适用法律若干问题的解释》第十五条第二款关于合同解除权行使期限的规定。但对方当事人确实已无法履行合同主要义务的情形除外。

前款所引述的合同解除权的行使期限属于除斥期间，不存在期间的中止、中断和延长的情形。对方当事人在解除权发生之日起的一年内进行催告的，解除权的行使期限自催告之日起计算三个月。

安徽省高级人民法院关于审理房屋买卖合同纠纷案件适用法律问题的指导意见（2012年3月5日）

2. 当事人以期房不能转让为由请求确认转让合同无效

的，一般不予支持；转让人在转让合同履行期限届满时仍未取得房屋所有权，致使受让人不能办理房屋所有权转移登记，受让人请求解除合同并要求转让人承担违约责任的，应予支持。

广东省高级人民法院关于审理房屋买卖合同纠纷案件的指引（2017 年 9 月 12 日）

四十二、有权解除合同的当事人继续履行合同或者接受对方履行的，视为放弃合同解除权。

四十三、合同解除权行使期限届满或者解除权放弃后，对方当事人经催告仍然不履行合同，守约方主张依照合同约定或者法律规定解除合同的，应予支持。

四十四、房屋买卖合同被认定无效或者被撤销、解除后，买受人应当将房屋返还给出卖人，并支付房屋占有使用的费用，费用可参照同期同地段同类房屋租金标准计算；出卖人应当将收取的价款返还给买受人，并支付贷款利息。

一方当事人起诉请求确认房屋买卖合同无效或者撤销、解除合同并返还财产，人民法院经审理认为合同无效或者应予撤销、解除的，应当向被告释明反诉请求返还财产，避免判决单方返还财产造成当事人利益失衡。

合同无效或者被撤销的，一方因房产价值波动受到的损失，由当事人按照各自的过错承担。合同解除的，守约方因房产价值波动受到的损失，由违约方赔偿。

四十五、买受人将房屋抵押给债权人后，当事人一方请求确认房屋买卖合同无效或者撤销、解除合同并请求返还财产，担保权人或者第三人提出独立的诉讼请求的，可以与房屋买卖合同纠纷合并审理。担保权人或者第三人就抵押担保的债权债务关系另行起诉的，可以与房屋买卖合同纠纷合并审理。

房屋买卖合同被确认无效或者被撤销、解除，抵押权未消灭，出卖人请求返还房屋，要求办理房屋所有权转移登记的，不予支持；出卖人主张将应当返还给买受人的价款在担保债权的范围内支付给抵押权人或者将该款提存消灭抵押权后返还房屋的，应予支持。

海南省高级人民法院关于办理商品房买卖合同纠纷案件的指导意见（试行）（2011 年审判委员会第 1 次会议讨论通过）

11. 双方当事人已经订立商品房买卖合同，买受人仅交付定金，且双方在合同中约定买受人可以按照合同的约定以丧失定金为代价而解除合同，出卖人可以双倍返还定金为代价而解除合同的，从其约定。

双方当事人没有前款约定，一方当事人要求解除合同，另一方当事人不同意解除，且合同有继续履行可能的，不应解除合同。

12. 双方当事人订立商品房买卖合同且买受人已交付部分房款后，出卖人恶意违约，请求解除合同，并愿意承担超过已付购房款一倍的赔偿责任的，如买受人不同意解除合同，且合同有继续履行可能的，不应解除合同。

13. 具有下列情形之一，导致商品房买卖合同目的不能实现的，无法取得房屋的买受人可以请求解除合同、返还已付购房款及利息、赔偿损失，并可以请求出卖人承担不超过已付购房款一倍的赔偿责任：

（一）商品房买卖合同订立后，出卖人未告知买受人又将该房屋抵押给第三人；

（二）商品房买卖合同订立后未经备案登记，出卖人又将该房屋出卖给第三人。

江苏省高级人民法院执行异议及执行异议之诉案件审理指南（二）（2019 年 2 月 26 日）

三、案外人基于被执行人向其购买的不动产提起的执行异议之诉案件的处理

12. 执行法院对被执行人向案外人购买且已支付部分或全部价款的不动产采取执行措施，案外人在提出执行异议以及执行异议之诉的同时，请求解除合同、撤销合同或者赔偿损失等其他诉讼请求的，应由执行法院分别立案，合并

审理。是否支持其解除或撤销合同的请求，应根据下列情形处理：

（1）案外人以行使约定解除权为由，请求解除合同、撤销合同的，不予支持；

（2）案外人主张行使法定解除权、撤销权的，应根据案件具体情况依法审理认定；

（3）判决支持解除或撤销合同的，裁判理由中应载明案外人应当将被执行人已经支付的购房价款交付执行。

江苏省高级人民法院关于审理房地产合同纠纷案件若干问题的解答（征求意见稿）（2017年8月15日）

47. 预查封的商品房买卖合同能否解除？

第一种观点：商品房预售中，房屋被预查封，后因买受人的原因，出卖人主张解除合同的，人民法院经审查认定出卖人符合法定解除和约定解除情形的，对其主张予以支持。

第二种观点：商品房预售中，房屋被预查封，后因买受人的原因，出卖人主张解除合同的，人民法院经审查认定出卖人符合法定解除情形的，对其主张予以支持。出卖人主张符合约定解除条件要求解除合同的，人民法院不予支持。

48. 当事人主动违约如何处理？

房屋买卖合同签订后，当事人无正当理由愿意以承担定金罚则而解除合同的，不予支持，除非另一方当事人同意。

辽宁省沈阳市中级人民法院关于审理房地产案件若干问题的处理意见（之一）（2004 年 3 月 27 日）

10．商品房预售合同的效力及解除问题

……

（3）对于符合商品房预售条件的预售行为，买受方要求解除合同的，首先应看是否有符合《合同法》中解除条件，如果符合，则应当按照《合同法》的规定，解除合同并有过错方承担责任。如果不存在解除合同的法定事由，则按照具体情况来具体处理。1．出售方因在预售商品房时商品房价格较低，而后因房屋涨价而反悔，要求解除商品房预售合同的，人民法院不应予以支持。2．买受方以房屋降价为由，要求按照现价给付房款的，双方未达成协议，买方要求解除合同的，人民法院不应支持，但符合国家有关政策规定的除外。3．买受方因地点、房屋朝向、楼层等问题反悔的，双方未能达成协议，买受方要求解除预售合同的，人民法院不应支持。

（4）买受人以该房屋质量有瑕疵为由，要求解除预售合同的，应当根据质量问题的严重程度来分析，对于商品房已经验收合格，没有严重质量问题，不影响居住的，应不予支持。商品房交付使用后，买受人认为主体结构质量不合格的，并依照有关规定委托工程质量检测机构重新核验。经核验，确属主体结构质量不合格的，房地产开发企业没有足够证据进行反驳的，买受人要求退房的，人民法院应予支持，给买受人造成损失的，房地产开发企业应当依法承担赔偿责任。

湖南省高级人民法院关于房屋买卖、租赁纠纷案件适用法律问题的指导意见（试行）（2008年1月4日）

十、出卖人变更房屋设计后未通知买受人，买受人以实际交付房屋的结构形式、户型、空间尺寸、朝向与合同约定不一致，且超过行业标准，请求解除合同，并要求出卖人承担违约责任和赔偿损失的，应予支持。当事人对损失的计算有约定的，从其约定；未约定的，应综合考虑资金占用、房价变动等因素计算和认定损失。

出卖人变更设计后通知了买受人的，按照《商品房销售管理办法》第二十四条的规定处理。

十九、缔约过失责任

核心规范

中华人民共和国合同法

第四十二条　当事人在订立合同过程中有下列情形之一，给对方造成损失的，应当承担损害赔偿责任：

（一）假借订立合同，恶意进行磋商；

（二）故意隐瞒与订立合同有关的重要事实或者提供虚假情况；

（三）有其他违背诚实信用原则的行为。

……

第五十二条　有下列情形之一的，合同无效：

（一）一方以欺诈、胁迫的手段订立合同，损害国家利益；

（二）恶意串通，损害国家、集体或者第三人利益；

（三）以合法形式掩盖非法目的；

（四）损害社会公共利益；

（五）违反法律、行政法规的强制性规定。

第五十三条　合同中的下列免责条款无效：

（一）造成对方人身伤害的；

（二）因故意或者重大过失造成对方财产损失的。

第五十四条　下列合同，当事人一方有权请求人民法院或者仲裁机构变更或者撤销：

（一）因重大误解订立的；

（二）在订立合同时显失公平的。

一方以欺诈、胁迫的手段或者乘人之危，使对方在违背真实意思的情况下订立的合同，受损害方有权请求人民法院或者仲裁机构变更或者撤销。

当事人请求变更的，人民法院或者仲裁机构不得撤销。

第五十五条　有下列情形之一的，撤销权消灭：

（一）具有撤销权的当事人自知道或者应当知道撤销事由之日起一年内没有行使撤销权；

（二）具有撤销权的当事人知道撤销事由后明确表示或者以自己的行为放弃撤销权。

第五十六条　无效的合同或者被撤销的合同自始没有法律约束力。合同部分无效，不影响其他部分效力的，其他部分仍然有效。

第五十七条　合同无效、被撤销或者终止的，不影响合同中独立存在的有关解决争议方法的条款的效力。

第五十八条　合同无效或者被撤销后，因该合同取得的财产，应当予以返还；不能返还或者没有必要返还的，应当折价补偿。有过错的一方应当赔偿对方因此所受到的损失，双方都有过错的，应当各自承担相应的责任。

裁判意见

北京市高级人民法院关于审理房屋买卖合同纠纷案件适用法律若干问题的指导意见（试行）（2010 年 12 月 22 日）

第二十五条　房屋买卖合同不成立、被确认无效或被撤销，信赖合同有效成立致受损害的一方当事人要求另一方赔偿信赖利益损失的，应予支持。信赖利益损失包括所受损害和所失利益（当事人信赖合同有效成立而丧失另订其他有利合同的机会损失等），损失赔偿数额以不超过履行利益为限。

江苏省高级人民法院关于审理房地产合同纠纷案件若干问题的解答（征求意见稿）（2017 年 8 月 15 日）

36.“凶宅”买卖如何处理?

买受人以市场价格购买房屋，该房屋曾出现自杀、谋杀等非正常死亡事件，经买受人询问，出卖人对此未作披露的，构成欺诈，买受人有权予以撤销。

【说明】关于凶宅的披露问题，存在两种观点：第一种观点认为出卖人应主动披露；第二种观点认为，买受人应对此先询问，只有在询问后出卖人未予披露的，买受人才有权撤销。条文采纳了第二种观点。

二十、多项违约行为的处理

核心规范

中华人民共和国合同法

第一百零七条　当事人一方不履行合同义务或者履行合同义务不符合约定的，应当承担继续履行、采取补救措施或者赔偿损失等违约责任。

裁判意见

重庆市高级人民法院关于当前民事审判若干法律问题的指导意见（2007 年 11 月 22 日）

39. 商品房买卖合同纠纷中，涉及逾期完善水电气等配套设施、逾期交付、逾期办证等多项违约行为的，应根据违约行为的性质和相互关系，综合适用违约责任。除当事人有明确约定的以外，在逾期交付的期限内承担了该项违约责任的，不另计负逾期办证和逾期完善水电气等配套设施的违约责任。有单项违约责任条款和总括性的违约责任条款的，总括性违约责任条款只在重大违约时适用，并不得同时适用单项违约责任条款。

二十一、逾期办证的违约责任

核心规范

中华人民共和国城市房地产管理法

第六十一条　以出让或者划拨方式取得土地使用权，应当向县级以上地方人民政府土地管理部门申请登记，经县级以上地方人民政府土地管理部门核实，由同级人民政府颁发土地使用权证书。

在依法取得的房地产开发用地上建成房屋的，应当凭土地使用权证书向县级以上地方人民政府房产管理部门申请登记，由县级以上地方人民政府房产管理部门核实并颁发房屋所有权证书。

房地产转让或者变更时，应当向县级以上地方人民政府房产管理部门申请房产变更登记，并凭变更后的房屋所有权证书向同级人民政府土地管理部门申请土地使用权变更登记，经同级人民政府土地管理部门核实，由同级人民政府更换或者更改土地使用权证书。

法律另有规定的，依照有关法律的规定办理。

……

第六十三条　经省、自治区、直辖市人民政府确定，县级以上地方人民政府由一个部门统一负责房产管理和土地管理工作的，可以制作、颁发统一的房地产权证书，依照本法第六十一条的规定，将房屋的所有权和该房屋占用范围内的土地使用权的确认和变更，分别载入房地产权证书。

最高人民法院关于审理商品房买卖合同纠纷案件适用法律若干问题的解释

第十八条　由于出卖人的原因，买受人在下列期限届满未能取得房屋权属证书的，除当事人有特殊约定外，出卖人应当承担违约责任：

（一）商品房买卖合同约定的办理房屋所有权登记的期限；

（二）商品房买卖合同的标的物为尚未建成房屋的，自房屋交付使用之日起90日；

（三）商品房买卖合同的标的物为已竣工房屋的，自合同订立之日起90日。

合同没有约定违约金或者损失数额难以确定的，可以按照已付购房款总额，参照中国人民银行规定的金融机构计收逾期贷款利息的标准计算。

第十九条　商品房买卖合同约定或者《城市房地产开发经营管理条例》第三十三条规定的办理房屋所有权登记的期限届满后超过一年，由于出卖人的原因，导致买受人无法办理房屋所有权登记，买受人请求解除合同和赔偿损失的，应予支持。

裁判意见

第八次全国法院民事商事审判工作会议（民事部分）纪要(2016年11月21日)

18. 买受人请求出卖人支付逾期办证的违约金，从合同约定或者法定期限届满之次日起计算诉讼时效期间。

合同没有约定违约责任或者损失数额难以确定的，可参照《最高人民法院关于审理民间借贷案件适用法律若干问题的规定》第二十九条第二款规定处理。

北京市高级人民法院关于审理房屋买卖合同纠纷案件若干疑难问题的会议纪要（2014年12月16日）

十四、因“出卖人原因”未办理房屋过户登记的认定

商品房买卖合同约定买受人委托出卖人代为办证，出卖人未在合同约定或法定办证期限内将房屋过户登记到买受人名下，并通知买受人领取房屋权属证书的，应当承担逾期办证的违约责任，但出卖人有证据证明办证逾期系因买

受人未缴纳办证所需相关税费或提供相关证明等自身原因造成的除外。

商品房买卖合同未明确约定出卖人代为办证的，出卖人仍负有为买受人办理房屋过户登记的义务，即出卖人应当在合同约定或法定办证期限届满的三十日前，完成房屋初始登记并将协助办证所需的必要证明材料备齐提交房屋登记机关，且依合同约定或其他合理方式告知买受人可以自行申请房屋过户登记。出卖人未履行上述义务的，应当承担逾期办证的违约责任。

因行政部门原因导致买受人未能在合同约定或法定期限内取得房屋所有权登记的，可以根据其影响程度减轻或免除出卖人的逾期办证违约责任。

……

二十、同时主张逾期交房、办证违约金的处理

出卖人存在违反房屋买卖合同约定逾期交房和逾期办证的违约行为，买受人同时主张上述两项违约金的，可予以支持。出卖人主张两项违约金相加数额过高的，法院可以综合买受人所受实际损失、出卖人的过错程度、是否使用格式条款等因素，对于违约行为重复期间的违约金，择一高标准予以支持。

商品房买卖合同约定出卖人逾期取得初始登记和逾期办

理过户登记应当支付违约金，买受人同时主张两项违约金的，依前款原则处理。

二十一、逾期办证违约金过高的判断标准

出卖人主张房屋买卖合同约定的逾期办证违约金数额明显过高，经审查买受人实际损失无法确定的，法院可以买受人已付购房款为基数，在日万分之三的标准范围内对违约金数额进行调整。

重庆市高级人民法院关于当前民事审判若干法律问题的指导意见（2007年11月22日）

37. 关于办证义务。在合同没有特别约定的情况下，开发商负有办证义务。买受人在合同约定的或者法律规定的办证期间内未取得房屋权属证书的，如开发商在此期间内已完成房屋权属初始登记并提供了相关的办证资料，并通知买受人提交登记申请的，可认定开发商已履行了办证义务，不承担逾期办证的违约责任。

广东省高级人民法院关于审理商品房买卖合同纠纷案件若干问题的指导意见（2003年10月24日）

2. 根据最高人民法院《关于审理商品房买卖纠纷案件适用法律若干问题的解释》第十八条的规定，出卖人只有在因其自身的原因导致买受人不能在合同约定或法律规定的期限内领取房屋权属证书的情形下，才需承担逾期办证的违约责任。因此，出卖人能举证证明其已在合同约定或法律规定的办证期限内之合理时间将有关办理房屋权属证书的资料交给政府主管部门并已具备办证条件的，可不承担逾期办证的违约责任。

广东省高级人民法院关于审理房屋买卖合同纠纷案件的指引（2017年9月12日）

三十四、商品房买卖合同未明确约定出卖人代为办理所有权登记的，出卖人仍然负有协助义务。出卖人应当在合理期限内办理初始登记，并将办理所有权转移登记所需要的材料提交登记机关，依照合同约定或者其他合理方式告知买受人可以自行申请办理房屋所有权转移登记。出卖人未履行上述义务的，应当承担逾期办证的违约责任。

买受人起诉请求出卖人协助其办理房屋所有权转移登记，但一审法庭辩论终结前出卖人尚未办理初始登记的，人民法院可以向买受人释明变更诉讼请求为解除合同、赔偿损失。买受人不变更的，驳回其诉讼请求。

安徽省高级人民法院关于审理房屋买卖合同纠纷案件适用法律问题的指导意见（2012年3月5日）

7. 买受人以出卖人逾期办证为由主张违约责任的，出卖人举证证明其已于房屋买卖合同约定或《解释》规定的办理房屋产权证的最后期限30个工作日前向产权登记机构报送了办证所需的文件和资料的，对买受人的诉讼请求一般不予支持。

海南省高级人民法院关于办理商品房买卖合同纠纷案件的指导意见（试行）（2011年审判委员会第1次会议讨论通过）

一、关于逾期办证违约纠纷

1. 购房人以开发商逾期办证为由请求其承担违约责任的，依照下列情形分别处理：

（1）开发商取得拟售房产初始登记后，应当通知购房人提供办证所需相关资料。经开发商通知，购房人不予配合，不提供办证所需相关资料，致使开发商办证逾期，购房人请求开发商承担违约责任的，不予支持。

前款所称房产初始登记，系指开发商取得房产项目的整体产权登记后，将房屋分套初始登记在自己名下。

（2）开发商取得拟售房产初始登记后，经通知购房人，购房人依通知提供了办证所需相关资料的，分别情况区别处理：

①合同对开发商向产权登记机关报送办证资料的时间有约定，开发商在约定时间内向产权登记机关报送了办证资料，购房人请求开发商承担违约责任的，不予支持；开发商未在约定期限内报送，购房人请求开发商承担违约责任的，应予支持。

②合同对开发商向产权登记机关报送办证资料的时间没

有约定的，开发商应在合理期限内报送。开发商未报送，致使购房人自开发商取得拟售房产初始登记之日起90日未能取得房屋权属证书的，开发商应当承担逾期办证的违约责任，但当事人另有约定的除外。

2. 合同对开发商向产权登记机关报送办证资料的时间有约定的，买房人请求开发商承担逾期办证违约责任的诉讼时效自合同约定时间的次日开始计算；合同未约定时间的，诉讼时效自开发商取得拟售房产初始登记之日起90日之次日开始起算。

诉讼时效期间内，购房人要求开发商报送办证资料的，诉讼时效中断。

3. 开发商取得拟售房产初始登记后，未通知购房人提供办证所需相关资料，致使办证逾期，购房人请求开发商承担违约责任的，应予支持。

合同对通知时间有约定的，从约定；没有约定的，开发商应于合理期限内通知。开发商未通知，致使自开发商取得拟售房产初始登记之日起90日，购房人未能取得房屋权属证书的，开发商应当承担逾期办证的违约责任，但当事人另有约定的除外。

4. 合同对开发商通知购房人提供办证所需资料时间有约定的，购房人请求开发商承担逾期办证违约责任的诉讼时效自合同约定时间的次日开始计算。合同未约定时间的，诉讼时效自开发商取得拟售房产初始登记之日起90日之次日开始起算。

诉讼时效期间内，购房人要求开发商报送办证资料的，诉讼时效中断。

5. 对于违约责任的确定，合同有约定的，从约定；没有约定，约定不明确，或损失数额难以确定的，可按已付购房款总额，参照中国人民银行规定的金融机构计收逾期贷款利息的标准计算。

6. 对房屋的交付使用，当事人有约定的，从约定；没有约定的，开发商将房屋实际交付买房人占有或将房屋钥匙交给买房人的均视为已实际交付使用。

贵州省高级人民法院关于审理商品房买卖合同纠纷案件若干问题的指导意见（一）（试行）（2005年8月1日）

1. 买受人向人民法院提起出卖人承担逾期办证违约责任的诉讼，人民法院应当受理。

2. 出卖人提出诉讼时效抗辩理由的，人民法院应当按照《中华人民共和国民法通则》等法律关于诉讼时效的规定依法予以审查。诉讼时效从合同约定或法定的办证期限届满之日起算。如果期间存在时效中断或中止情形的，应当适用中断或中止的规定。

3. 买受人请求出卖人继续履行协助办证义务的，不适用诉讼时效。

4. 2003 年 6 月 1 日之前签订商品房买卖合同，且起诉前已经取得房屋所有权证书，买受人请求办证前迟延办理期间违约金的，人民法院不予支持。

5. 逾期办证违约金的计算期间应当从合同约定或法定的办证期限届满之日起算，通常以出卖人完成商品房权属初始登记的时间为截止时间。

6. 出卖人能够举证证明自己办理商品房权属初始登记时，已经在合同约定或法定期限内之合理时间将有关办理房屋权属初始登记的违约责任。

7. 本意见第 6 条所指有关办理商品房权属初始登记的资料包括商品房预售许可证、房屋测绘结果、房屋竣工验收资料等依据法律法规规定必须的办证文件。出卖人提交时间应以资料的最后提交时间为准，并应根据产权登记机关出具的收据等能够证明资料接收的文书所载明时间加以认定，但当事人有证据证明实际提交时间与载明时间不一致的除外。

出卖人向人民法院书面申请调查收集其向产权登记机关提交资料的情况，如该申请符合《最高人民法院〈关于民事诉讼证据的若干规定〉》第十七、十八、十九条之规定，人民法院应予准许。

8. 出卖人虽已经完成商品房权属初始登记，但如果因其未及时通知买受人或未履行其他协助义务，导致买受人不能在约定或法定期限内取得房屋所有权证书的，出卖人应当承担逾期办证的违约责任。如果存在买受人未尽到合理催促义务的情形，人民法院可以酌情减轻出卖人违约责任。

9. 出卖人因不能取得或延期取得依据法律法规规定办理商品房初始登记所需的有关资料，导致办证迟延的，一般应当承担逾期办证的违约责任，但因不可抗力导致的除外。如果存在相关行政机关及中介组织的具体行为过分超出正常工作期限的情形，人民法院可以酌情减轻出卖人违约责任。

10. 对逾期办证的违约责任的认定，按揭购房与非按揭购房不应有所区别。但对于采用按揭方式购房，人民法院可以酌情调整出卖人承担逾期办证违约金的数额。

11. 合同双方约定的关于出卖人逾期交房、逾期办证的免责条款，只要不违反法律、行政法规的强制性规定，人民法院应予认定。双方对于提供办证资料的时间、办理房屋权属证书的期限、委托办证、交付、违约金等事项有特殊约定的，应当依法事人约定处理。

12. 逾期办证违约金计算标准，当事人有约定从约定；当事人没有约定的，参照中国人民银行公布的同期同类贷款利率计算。

13．人民法院对于违约金的调整只能依据当事人申请，不能依职权主动调整。但当事人约定的违约金条款的适用可能导致双方的权利义务严重失衡时，人民法院可以适当行使释明权。

当事人请求调整违约金的，可以抗辩或反诉方式提出。

当事人以约定违约金低于造成的损失为由请求违约金调整，并主张依据《解释》第十八条第二款规定的损失计算方法所确定损失额为调整标准，人民法院原则上可以参照“中国人民银行同期同类贷款利率”该计算标准所确定的损失额，从公平原则出发，综合考虑出卖人过错程度、违约行为情节、赔偿能力以及买受人购房方式等因素，在此数额范围内酌情决定违约金数额。

14．商品房买卖合同中所指交付使用是指出卖人将房屋转移买受人占有，但当事人另有约定的除外。

合同双方约定的交付时间、方式、条件具有法律约束力。如果出卖人违反约定条件交付，买受人可以拒绝接受，出卖人应当承担逾期交房的违约责任。出卖人交付的房屋虽不符合约定交付条件，但买受人已经实际接受的，应视为交付使用，但并不免除出卖人房屋质量责任。

15．逾期交房违约金的计算期间应当从合同约定的交房日为其算点，以实际交房日为止算点。

江苏省高级人民法院民一庭房屋买卖合同纠纷案件疑难问题法律适用研讨会综述（2004 年 11 月）

一、商品房买卖合同纠纷案件疑难问题法律适用

……

6. 关于迟延或不能办理不动产权属证书的责任

《解释》[①] 第十八条和第十九条规定，由于出卖人的原因，导致买受人在一定期限之内未能取得房屋权属证书或者一定期限之后无法办理房屋所有权登记的，买受人可以请求出卖人承担诸如支付违约金、赔偿损失等违约责任。但适用《解释》遇到的问题在于，买受人行使这一请求权时，是否应当对“出卖人的原因”承担举证责任?

多数意见认为，买受人行使这一请求权的法律基础固然在于《解释》的这两条规定；但其也需要事实基础，那就是出卖人的违约行为（即所谓“出卖人的原因”）、买受人的损害（即在一定期限之内或者之后不能办到房屋所有权证或者进行所有权登记）以及两者之间需具备的引起与被引起的因果关系。只有同时具备这两个基础，买受人的请求权才能成立。根据国务院《城市房地产开发经营管理条例》第三十三条规定：预售商品房的购买人应当自商品房交付使用之日起

① 指《最高人民法院关于审理商品房买卖合同纠纷案件适用法律若干问题的解释》。

90日内，办理土地使用权变更和房屋所有权登记手续；现售商品房的购买人应当自销售合同签订之日起90日内，办理土地使用权变更和房屋所有权登记手续。房地产开发企业应当协助商品房购买人办理土地使用权变更和房屋所有权登记手续，并提供必要的证明文件。可见，履行商品房买卖合同的过程中，所有权证的办理与取得是由买受人承担的义务。出卖人承担的仅仅是法定协助义务。因此，买受人若行使《解释》赋予的请求权，就应当对“出卖人的原因”承担举证责任，即证明到有关部门申请办理房屋所有权登记，由于开发商未尽协助义务导致未能办成。

另一种意见认为，该举证责任主要在出卖人一方，买受人不需要举证，其只要陈述一下，前往办理所有权登记手续而没有办下来即可。

7. 关于土地使用权证使用年限缩水的问题

《城市房地产管理法》等法律法规规定了各类用地的最高年限。住宅商品房的出卖人向买受人移转交付的土地使用权，其使用期限常常短于七十年。这主要有两种原因，其一是因为房地产开发建设占用了一定的时间，这属于正常形态，一般不会引发纠纷。另一种情形是出卖人经出让取得土地使用权后变更了土地用途，或者从他人处经转让取得土地使用权，土地性质本不属于住宅用地，故导致土地使用权年限是四十年或者五十年。在后一种情形中，出卖人是否应向买受人承担违约责任？如承担，又该如何承担？

一种意见认为，出卖人是否应当承担违约责任，首先要看其在订立买卖合同时，是否尽到了告知义务即告诉买受人土地使用权的年限情况。如果其已经尽到了告知义务，买受人仍然愿意购买的，可以认定买卖合同是据实订立的，应当认为出卖人并没有违反合同约定及附属义务，因此不承担违约责任。如果出卖人没有尽到告知义务，且出卖人向买受人移转交付的土地使用权年限不符合法律规定的住宅用地的使用年限，就构成违约，应当承担违约责任。在违约责任的承担方式上，可以责令出卖人退还多收取的土地成本，或者责令其将土地使用权的年限予以续展、补足，也可以由其支付费用而由买受人办理续展手续。

另一种意见认为，根据《土地管理法》的有关规定，这种纠纷属于土地使用权权属争议，不属于人民法院受理民事案件的范围，依法应当由有关人民政府处理。

江苏省高级人民法院关于审理房地产合同纠纷案件若干问题的解答（征求意见稿）（2017 年 8 月 15 日）

45. 商品房买卖合同逾期办证违约金如何调整？

对于逾期办证，开发商往往约定较低的违约金，有的逾期办证时间较长，买受人主张调高违约金的，此时应由买受人举证其损失，买受人能够证明损失大于合同约定的违约金的，可予支持。但实践中对于逾期办证的损失往往很难举证证明，而逾期办证客观上确实对买受人造成损害，如果逾期付款违约金与逾期办证违约金约定明显不对等的，买受人请求参照《商品房买卖司法解释》第18条第2款规定，按照已付购房款总额参照中国人民银行规定的金融机构计收逾期贷款利息的标准调整违约金的，一般可予支持。

对于逾期办证违约金，在两证合一前，不仅包括逾期办理房产证，还包括逾期办理土地使用权证。

二十二、定金与违约金

核心规范

中华人民共和国合同法

第一百一十四条　当事人可以约定一方违约时应当根据违约情况向对方支付一定数额的违约金，也可以约定因违约产生的损失赔偿额的计算方法。

约定的违约金低于造成的损失的，当事人可以请求人民法院或者仲裁机构予以增加；约定的违约金过分高于造成的损失的，当事人可以请求人民法院或者仲裁机构予以适当减少。

当事人就迟延履行约定违约金的，违约方支付违约金后，还应当履行债务。

第一百一十五条　当事人可以依照《中华人民共和国担保法》约定一方向对方给付定金作为债权的担保。债务人履行债务后，定金应当抵作价款或者收回。给付定金的一方不履行约定的债务的，无权要求返还定金；收受定金的一方不履行约定的债务的，应当双倍返还定金。

第一百一十六条　当事人既约定违约金，又约定定金的，一方违约时，对方可以选择适用违约金或者定金条款。

中华人民共和国担保法

第八十九条　当事人可以约定一方向对方给付定金作为债权的担保。债务人履行债务后，定金应当抵作价款或者收回。给付定金的一方不履行约定的债务的，无权要求返还定金；收受定金的一方不履行约定的债务的，应当双倍返还定金。

第九十条　定金应当以书面形式约定。当事人在定金合同中应当约定交付定金,的期限。定金合同从实际交付定金之日起生效。

第九十一条　定金的数额由当事人约定，但不得超过主合同标的额的百分之二十。

最高人民法院关于适用《中华人民共和国担保法》若干问题的解释

第一百一十五条　当事人约定以交付定金作为订立主合同担保的，给付定金的一方拒绝订立主合同的，无权要求返还定金;收受定金的一方拒绝订立合同的，应当双倍返还定金。

第一百一十六条　当事人约定以交付定金作为主合同成立或者生效要件的，给付定金的一方未支付定金，但主合同已经履行或者已经履行主要部分的，不影响主合同的成立或者生效。

第一百一十七条　定金交付后，交付定金的一方可以按照合同的约定以丧失定金为代价而解除主合同，收受定金的一方可以双倍返还定金为代价而解除主合同。对解除主合同后责任的处理，适用《中华人民共和国合同法》的规定。

第一百一十八条　当事人交付留置金、担保金、保证金、订约金、押金或者定金等，但没有约定定金性质的，当事人主张定金权利的，人民法院不予支持。

第一百一十九条　实际交付的定金数额多于或者少于约定数额，视为变更定金合同；收受定金一方提出异议并拒绝接受定金的，定金合同不生效。

第一百二十条　因当事人一方迟延履行或者其他违约行为，致使合同目的不能实现，可以适用定金罚则。但法律另有规定或者当事人另有约定的除外。当事人一方不完全履行合同的，应当按照未履行部分所占合同约定内容的比例，适用定金罚则。

第一百二十一条　当事人约定的定金数额超过主合同标的额百分之二十的，超过的部分，人民法院不予支持。

第一百二十二条　因不可抗力、意外事件致使主合同不能履行的，不适用定金罚则。因合同关系以外第三人的过错，致使主合同不能履行的，适用定金罚则。受定金处罚的一方当事人，可以依法向第三人追偿。

最高人民法院关于适用《中华人民共和国合同法》若干问题的解释（二）

第二十七条　当事人通过反诉或者抗辩的方式，请求人民法院依照合同法第一百一十四条第二款的规定调整违约金的，人民法院应予支持。

第二十八条　当事人依照合同法第一百一十四条第二款的规定，请求人民法院增加违约金的，增加后的违约金数额以不超过实际损失额为限。增加违约金以后，当事人又请求对方赔偿损失的，人民法院不予支持。

第二十九条　当事人主张约定的违约金过高请求予以适当减少的，人民法院应当以实际损失为基础，兼顾合同的履行情况、当事人的过错程度以及预期利益等综合因素，根据公平原则和诚实信用原则予以衡量，并作出裁决。

当事人约定的违约金超过造成损失的百分之三十的，一般可以认定为合同法第一百一十四条第二款规定的“过分高于造成的损失”。

最高人民法院关于审理买卖合同纠纷案件适用法律问题的解释

第二十六条　买卖合同因违约而解除后，守约方主张继续适用违约金条款的，人民法院应予支持；但约定的违约金过分高于造成的损失的，人民法院可以参照合同法第一百一十四条第二款的规定处理。

第二十七条　买卖合同当事人一方以对方违约为由主张支付违约金，对方以合同不成立、合同未生效、合同无效或者不构成违约等为由进行免责抗辩而未主张调整过高的违约金的，人民法院应当就法院若不支持免责抗辩，当事人是否需要主张调整违约金进行释明。

一审法院认为免责抗辩成立且未予释明，二审法院认为应当判决支付违约金的，可以直接释明并改判。

第二十八条　买卖合同约定的定金不足以弥补一方违约造成的损失，对方请求赔偿超过定金部分的损失的，人民法院可以并处，但定金和损失赔偿的数额总和不应高于因违约造成的损失。

最高人民法院关于审理商品房买卖合同纠纷案件适用法律若干问题的解释

第十六条　当事人以约定的违约金过高为由请求减少的，应当以违约金超过造成的损失３０％为标准适当减少；当事人以约定的违约金低于造成的损失为由请求增加的，应当以违约造成的损失确定违约金数额。

第十七条　商品房买卖合同没有约定违约金数额或者损失赔偿额计算方法，违约金数额或者损失赔偿额可以参照以下标准确定：

逾期付款的，按照未付购房款总额，参照中国人民银行规定的金融机构计收逾期贷款利息的标准计算。

逾期交付使用房屋的，按照逾期交付使用房屋期间有关主管部门公布或者有资格的房地产评估机构评定的同地段同类房屋租金标准确定。

裁判意见

全国法院民商事审判工作会议纪要（2019年11月8日）

50.【违约金过高标准及举证责任】认定约定违约金是否过高，一般应当以《合同法》第113条规定的损失为基础进行判断，这里的损失包括合同履行后可以获得的利益。除借款合同外的双务合同，作为对价的价款或者报酬给付之债，并非借款合同项下的还款义务，不能以受法律保护的民间借贷利率上限作为判断违约金是否过高的标准，而应当兼顾合同履行情况、当事人过错程度以及预期利益等因素综合确定。主张违约金过高的违约方应当对违约金是否过高承担举证责任。

北京市高级人民法院关于审理房屋买卖合同纠纷案件若干疑难问题的会议纪要（2014年12月16日）

二十、同时主张逾期交房、办证违约金的处理

出卖人存在违反房屋买卖合同约定逾期交房和逾期办证

的违约行为，买受人同时主张上述两项违约金的，可予以支持。出卖人主张两项违约金相加数额过高的，法院可以综合买受人所受实际损失、出卖人的过错程度、是否使用格式条款等因素，对于违约行为重复期间的违约金，择一高标准予以支持。

商品房买卖合同约定出卖人逾期取得初始登记和逾期办理过户登记应当支付违约金，买受人同时主张两项违约金的，依前款原则处理。

二十一、逾期办证违约金过高的判断标准

出卖人主张房屋买卖合同约定的逾期办证违约金数额明显过高，经审查买受人实际损失无法确定的，法院可以买受人已付购房款为基数，在日万分之三的标准范围内对违约金数额进行调整。

二十二、违约金分别主张与分段主张的调整

房屋买卖合同纠纷中，出卖人以买受人主张的违约金数额过高作为抗辩的，应区分以下情形处理：

（一）出卖人存在多项违约行为，买受人分别提起诉讼主张违约金，前诉法院已经做出处理的，后诉法院应当综合考虑前后案件的具体情况、买受人的实际损失、前诉案件的赔偿数额等因素综合确定赔偿数额。

（二）买受人就出卖人的同一违约行为分段起诉主张违

约金，前诉法院已经确定出卖人支付违约金，出卖人有证据证明前诉案件确定的违约金数额加上买受人在后案中主张的违约金数额过分高于其所受实际损失的，应当判决部分驳回直至全部驳回买受人的诉讼请求。

（三）买受人就出卖人的同一违约行为先后主张迟延履行违约金和解除合同违约金，前诉法院已经确定出卖人承担迟延履行违约金的，后诉法院在支持解除合同违约金时，应当扣除出卖人已经承担的迟延履行违约金的数额。

二十三、违约金诉讼时效的认定

房屋买卖合同中约定当事人违反合同义务应承担的违约金为数额确定的一次性违约金的，诉讼时效期间从合同约定的义务履行期限届满之次日起算；约定违约金为按日（月）计付的继续性违约金的，以每个个别的债权分别单独适用诉讼时效，当事人在诉讼中提出时效抗辩的，违约金保护范围为当事人起诉之日前两年。期间有时效中断或中止情形的，适用《民法通则》关于诉讼时效中断或中止的相关规定。

北京市高级人民法院关于审理房屋买卖合同纠纷案件适用法律若干问题的指导意见（试行）（2010年12月22日）

第二十三条　当事人在房屋买卖合同中对定金性质约定不明的，不应视为解约定金。

房屋买卖合同中同时约定了解约定金和违约金，当事人一方已构成违约的，在约定条件成就时解约定金处罚与违约金可以同时适用。

天津市高级人民法院关于审理房屋买卖合同纠纷案件若干问题的审判委员会纪要（2018 年 11 月 26 日）

二、二手房买卖相关问题

（三）关于违约金的问题

合同约定给付违约金的，当事人可以向违约方主张支付违约金，当事人主张违约金高于或低于实际损失的，人民法院应当依法处理。当事人请求增加违约金的，应当依照《最高人民法院关于适用〈中华人民共和国合同法〉若干问题的解释（二）》第二十八条的规定处理。认定违约金过分高于造成的损失，应当依照《最高人民法院关于适用〈中华人民共和国合同法〉若干问题的解释（二）》第二十九条的规定处理。

当事人通过反诉或者抗辩的方式，请求人民法院依照《合同法》第一百一十四条第二款的规定调整违约金的，应当承担违约金低于或过分高于造成实际损失的举证责任。

广东省高级人民法院关于审理商品房买卖合同纠纷案件若干问题的指导意见（2003 年 10 月 24 日）

3. 在一方当事人的违约行为给对方当事人造成的损失

数额难以确定的情形下，当事人以约定的违约金过分高于或低于所造成的损失为由要求减少或增加违约金的，人民法院一般不予支持。

广东省高级人民法院关于审理房屋买卖合同纠纷案件的指引（2017年9月12日）

三十九、房地产开发企业提供的商品房买卖合同格式文本约定按固定数额承担迟延履行违约金，金额低于买受人实际损失，当事人根据合同法第一百一十四条第二款的规定请求增加违约金的，人民法院应予支持。

四十、房屋买卖合同因一方当事人违约被解除的，守约方可以要求违约方赔偿房屋差价或者转售利益等可得利益损失。计算损失时，应当扣除守约方未采取合理措施不当扩大的损失、守约方因此获得的利益以及取得利益需要支出的必要费用，并综合考虑守约方的履约情况等确定，但不得超过违约方订立合同时预见到或者应当预见到的因违约可能造成的损失。

……

四十七、买受人请求出卖人支付逾期办证或者逾期交房违约金，违约金为固定金额的，从合同约定或者法定的履行期限届满之次日起计算诉讼时效期间。按日或者按月等时间单位累计计算违约金的，按每个个别债权分别计算诉讼时效期间。

安徽省高级人民法院关于审理房屋买卖合同纠纷案件适用法律问题的指导意见（2012年3月5日）

8. 房屋买卖合同的当事人以约定的违约金过高为由请求对违约金进行调整，但双方当事人均未举证证明守约方因违约所造成的实际损失，人民法院可以根据《最高人民法院关于适用〈中华人民共和国合同法〉若干问题的解释（二）》第二十九条的规定，结合案件具体情况，在中国人民银行发布的同期同类贷款利率四倍的范围内，对约定的违约金进行调整。

海南省高级人民法院关于办理商品房买卖合同纠纷案件的指导意见（试行）（2011年审判委员会第1次会议讨论通过）

三、关于正式合同订立后的相关纠纷

11. 双方当事人已经订立商品房买卖合同，买受人仅交付定金，且双方在合同中约定买受人可以按照合同的约定以丧失定金为代价而解除合同，出卖人可以双倍返还定金为代价而解除合同的，从其约定。

双方当事人没有前款约定，一方当事人要求解除合同，另一方当事人不同意解除，且合同有继续履行可能的，不应解除合同。

贵州省高级人民法院关于审理商品房买卖合同纠纷案件若干问题的指导意见（一）（试行）（2005年8月1日）

12. 逾期办证违约金计算标准，当事人有约定从约定；

当事人没有约定的，参照中国人民银行公布的同期同类贷款利率计算。

13. 人民法院对于违约金的调整只能依据当事人申请，不能依职权主动调整．但当事人约定的违约金条款的适用可能导致双方的权利义务严重失衡时，人民法院可以适当行使释明权。

当事人请求调整违约金的，可以抗辩或反诉方式提出。

当事人以约定违约金低于造成的损失为由请求违约金调整，并主张依据《解释》第十八条第二款规定的损失计算方法所确定损失额为调整标准，人民法院原则上可以参照“中国人民银行同期同类贷款利率”该计算标准所确定的损失额，从公平原则出发，综合考虑出卖人过错程度、违约行为情节、赔偿能力以及买受人购房方式等因素，在此数额范围内酌情决定违约金数额。

……

15. 逾期交房违约金的计算期间应当从合同约定的交房日为其算点，以实际交房日为止算点。

江苏省高级人民法院民一庭房屋买卖合同纠纷案件疑难问题法律适用研讨会综述（2004年11月）

一、商品房买卖合同纠纷案件疑难问题法律适用

……

5. 关于违约金数额的调整

商品房买卖合同中往往约定了违约金条款，当一方当事人违约时，守约方会以之为据追究其违约责任，而违约方一般会以“其并没有违约、不应当承担违约责任”为由进行抗辩。当此种抗辩不能成立时，违约方又会提出其原来的抗辩中包含了“约定的违约金过高、请求予以减少”的意思表示，而请求人民法院予以减少（这种情况往往发生在二审中）；或者人民法院发现约定的违约金确实过高，能否根据违约方的这种抗辩，推论其包含了“约定的违约金过高、请求予以减少”的意思表示，从而主动地减少违约金的数额？

与会代表大多认为，当事人的“其并没有违约、不应当承担违约责任”抗辩主张与其“约定的违约金过高、请求予以减少”的意思表示，在性质、意义上并不相同：前者为一种抗辩，旨在推卸责任；后者实为一项诉讼请求，旨在减轻责任。再者，二者的逻辑前提也不相同：前者以其不存在归责事由（无违约行为）为前提；后者以其承认存在归责事由（有违约行为）、因而应当承担责任为前提，只是在此前提下，请求减轻其责任。因此，不存在前者包容后者的可能，更不存在着后者包容前者的可能。然而，基于诉讼经济的考虑，在当事人仅提出“其并没有违约、不应当承担违约责任”的抗辩主张时，法官应当及时地予以询问说明。其结果有二：（1）如果法官行使了释明权，当事人又作出了“约定的违约金过高、请求予以减少”的意思表示，则法官应当根据对事实的审查结果，以当事人是否违约为据，而决定是采信其减责的诉讼请求还是免责的抗辩主张；如果当事人仍没有作出“约定的违约金过高、请求予以减少”的意思表示，则应当认为当事人放弃了其违约金降低请求权而只有免责抗辩主张，法官应当根据其是否违约的事实而决定是否采纳该抗辩主张；若不采纳该抗辩主张即追究其违约责任的话，则法官不得主动地降低违约金的数额。（2）如果法官没有行使释明权，当事人也没有作出“约定的违约金过高、请求予以减少”的意思表示的，则只能认为当事人仅有“其并没有违约、不应当承担违约责任”的抗辩主张，而不能认定其中包含了“约定的违约金过高、请求予以减少”的意思表示。

与会代表还认为，虽然当事人在一审中没有提出请求减少违约金的意思表示，但在上诉请求和理由中提出这种意思表示的，人民法院在二审中仍然可以作出适当调整。

江苏省高级人民法院关于审理房地产合同纠纷案件若干问题的解答（征求意见稿）（2017 年 8 月 15 日）

48. 当事人主动违约如何处理?

房屋买卖合同签订后，当事人无正当理由愿意以承担定金罚则而解除合同的，不予支持，除非另一方当事人同意。

二十三、惩罚性赔偿

核心规范

中华人民共和国民法总则

第一百七十九条　承担民事责任的方式主要有：

（一）停止侵害；

（二）排除妨碍；

（三）消除危险；

（四）返还财产；

（五）恢复原状；

（六）修理、重作、更换；

（七）继续履行；

（八）赔偿损失；

（九）支付违约金；

（十）消除影响、恢复名誉；

（十一）赔礼道歉。

法律规定惩罚性赔偿的，依照其规定。

本条规定的承担民事责任的方式，可以单独适用，也可以合并适用。

最高人民法院关于审理商品房买卖合同纠纷案件适用法律若干问题的解释

第八条　具有下列情形之一，导致商品房买卖合同目的不能实现的，无法取得房屋的买受人可以请求解除合同、返还已付购房款及利息、赔偿损失，并可以请求出卖人承担不超过已付购房款一倍的赔偿责任：

（一）商品房买卖合同订立后，出卖人未告知买受人又将该房屋抵押给第三人；

（二）商品房买卖合同订立后，出卖人又将该房屋出卖给第三人。

第九条　出卖人订立商品房买卖合同时，具有下列情形之一，导致合同无效或者被撤销、解除的，买受人可以请求返还已付购房款及利息、赔偿损失，并可以请求出卖人承担不超过已付购房款一倍的赔偿责任：

（一）故意隐瞒没有取得商品房预售许可证明的事实或者提供虚假商品房预售许可证明；

（二）故意隐瞒所售房屋已经抵押的事实；

（三）故意隐瞒所售房屋已经出卖给第三人或者为拆迁

补偿安置房屋的事实。

裁判意见

北京市高级人民法院关于审理房屋买卖合同纠纷案件若干疑难问题的会议纪要（2014年12月16日）

十九、房屋涨价损失与一倍赔偿的并用

出卖人具有《最高人民法院关于审理商品房买卖合同纠纷案件适用法律若干问题的解释》第8、9条规定的违约情形，导致商品房买卖合同解除，买受人要求同时赔偿房屋涨价损失和不超过已付购房款一倍损失的，可予以支持，但合同另有约定的除外。出卖人有证据证明两项赔偿数额相加过分高于买受人所受实际损失的，可以酌情降低赔偿总额。

江苏省高级人民法院民一庭房屋买卖合同纠纷案件疑难问题法律适用研讨会综述（2004年11月）

一、商品房买卖合同纠纷案件疑难问题法律适用

……

3. 关于确定惩罚性赔偿责任的因素

《解释》[①] 第八条、第九条针对五种欺诈和违约程度突出的情形规定了惩罚性赔偿责任。即除了返还已付购房款及利

① 指《最高人民法院关于审理商品房买卖合同纠纷案件适用法律若干问题的解释》。

息，赔偿实际损失外，买受人于特定情形下可以请求出卖人承担不超过已付购房款一倍的赔偿责任。由于房屋价值巨大，为了避免双方当事人之间的利益明显失衡，《解释》又将具体的惩罚幅度交给处理具体案件的法官掌握。

《解释》确定的惩罚性赔偿涉及法官自由裁量权的行使，虽然难以统一具体尺度，但可以确定一些参考的因素。与会代表认为，仅仅考量出卖人（开发商）的主观恶性程度是不够的。因为既然可以适用惩罚性赔偿责任，本身即已说明了出卖人的“主观恶性”极为严重，再分其轻重而定其责任，已没有实际意义；再者，在依法应当承担民事责任的前提下，责任人的“主观恶性”如何，一般并不影响责任的轻重程度——对责任的轻重具有决定性影响的，是损害后果。因此，在确定惩罚性赔偿责任时，还应该考虑以下几个因素：出卖人有无减责或者免责的事由，包括法律上的和道德上的事由；出卖人因欺诈性交易的获利情况；买受人的受损情况；双方当事人的经济状况；等等。

与会代表还认为，由于惩罚性赔偿责任的确定涉及法官的自由裁量权，为了维护司法权威和裁判的公信力，如果一审裁判没有重大利益失衡的，二审法院一般不宜改判。

二十四、赔偿损失

核心规范

中华人民共和国合同法

第一百零七条　当事人一方不履行合同义务或者履行合同义务不符合约定的，应当承担继续履行、采取补救措施或者赔偿损失等违约责任。

……

第一百一十三条　当事人一方不履行合同义务或者履行合同义务不符合约定，给对方造成损失的，损失赔偿额应当相当于因违约所造成的损失，包括合同履行后可以获得的利益，但不得超过违反合同一方订立合同时预见到或者应当预见到的因违反合同可能造成的损失。

经营者对消费者提供商品或者服务有欺诈行为的，依照《中华人民共和国消费者权益保护法》的规定承担损害赔偿责任。

……

第一百一十九条　当事人一方违约后，对方应当采取适当措施防止损失的扩大；没有采取适当措施致使损失扩大的，不得就扩大的损失要求赔偿。

当事人因防止损失扩大而支出的合理费用，由违约方承担。

最高人民法院关于审理买卖合同纠纷案件适用法律问题的解释

第二十九条　买卖合同当事人一方违约造成对方损失，对方主张赔偿可得利益损失的，人民法院应当根据当事人的主张，依据合同法第一百一十三条、第一百一十九条、本解释第三十条、第三十一条等规定进行认定。

第三十条　买卖合同当事人一方违约造成对方损失，对方对损失的发生也有过错，违约方主张扣减相应的损失赔偿额的，人民法院应予支持。

第三十一条　买卖合同当事人一方因对方违约而获有利益，违约方主张从损失赔偿额中扣除该部分利益的，人民法院应予支持。

最高人民法院关于审理商品房买卖合同纠纷案件适用法律若干问题的解释

第十七条　商品房买卖合同没有约定违约金数额或者损失赔偿额计算方法，违约金数额或者损失赔偿额可以参照以下标准确定：

逾期付款的，按照未付购房款总额，参照中国人民银行规定的金融机构计收逾期贷款利息的标准计算。

逾期交付使用房屋的，按照逾期交付使用房屋期间有关主管部门公布或者有资格的房地产评估机构评定的同地段同类房屋租金标准确定。

裁判意见

北京市高级人民法院关于审理房屋买卖合同纠纷案件若干疑难问题的会议纪要（2014年12月16日）

十九、房屋涨价损失与一倍赔偿的并用

出卖人具有《最高人民法院关于审理商品房买卖合同纠纷案件适用法律若干问题的解释》第8、9条规定的违约情形，导致商品房买卖合同解除，买受人要求同时赔偿房屋涨价损失和不超过已付购房款一倍损失的，可予以支持，但合同另有约定的除外。出卖人有证据证明两项赔偿数额相加过分高于买受人所受实际损失的，可以酌情降低赔偿总额。

北京市高级人民法院关于审理房屋买卖合同纠纷案件适用法律若干问题的指导意见（试行）（2010年12月22日）

第二十四条　房屋买卖合同签订后，因一方当事人根本违约致使另一方订立合同的目的不能实现，守约方要求解除合同，并要求违约方赔偿房屋差价损失、转售利益损失等可得利益损失的，应酌情予以支持，但当事人另有约定的除外。

在认定和计算可得利益损失时，应从守约方主张的可得利益赔偿总额中扣除守约方未采取合理措施不当扩大的损失、守约方亦有过失所造成的损失、守约方因此获得的利益以及守约方取得利益需要支出的必要的交易成本，并综合考虑守约方的履约情况等因素予以确定。

天津市高级人民法院关于审理房屋买卖合同纠纷案件若干问题的审判委员会纪要（2018 年 11 月 26 日）

二、二手房买卖相关问题

……

（四）关于损失赔偿的问题

当事人一方不履行合同义务或者履行合同义务不符合约定给对方造成损失的，应当赔偿损失。按照《合同法》第一百一十三条规定，损失赔偿额包括合同履行后可以获得的利益。一方违约且发生房屋价格涨跌情形的，涨跌差价属于合同履行后可以获得的利益，实际损失金额的确定应结合所处区域实际情况、守约方的履约情况、违约方订立合同时对房屋涨跌情形的预见能力、当事人的过错程度等因素酌定，但最低额度不应低于房屋价格涨跌差价的 50%。

房屋价格涨跌差价可以参照以下方式确定：（1）双方能

够协商确定的，从其约定;（2）双方不能协商确定的：①原则上可比照最相类似房屋的市场成交价与买卖合同成交价之差确定房屋涨跌差价；②无最相类似房屋比照的，可通过专业机构评估确定房屋涨跌差价。认定涨跌差价的时间点应以违约方的违约行为确定之日为基础，结合当事人主张权利之日、合同约定的履行期限届满之日，以及双方是否及时采取措施防止损失扩大、涉诉房屋的具体涨跌幅度等合理确定。

山东省高级人民法院关于印发全省民事审判工作会议纪要的通知（2011 年 12 月 2 日）

二、关于房地产纠纷案件

（八）关于商品房买卖合同解除后的损失赔偿问题

……

依据《合同法》第 97、113 条的规定，合同解除后，当事人有权要求赔偿损失。当事人一方不履行合同义务或者履行合同义务不符合约定，给对方造成损失的，损失赔偿额应当相当于因违约所造成的损失，包括合同履行后可以获得的利益。商品房买卖合同因一方违约被解除的，守约方有权要求违约方赔偿因合同解除造成的损失，损失的范围包括积极损失和可得利益损失。如因出卖人的原因导致合同解除的，买受人请求出卖人赔偿损失的范围是纠纷发生时讼争房屋的现实价值与合同约定价格之间的差价。

湖南省高级人民法院关于房屋买卖、租赁纠纷案件适用法律问题的指导意见（试行）（2008 年 1 月 4 日）

十二、由于一方原因造成买卖合同无效或无法继续履行的，人民法院在判令过错方赔偿损失时，应综合考虑资金占用、房价变动等因素，尽可能保护诚信方利益。

江苏省高级人民法院关于审理房地产合同纠纷案件若干问题的解答（征求意见稿）（2017 年 8 月 15 日）

37. 房差损失如何承担？

因一方或双方过错导致商品房买卖合同被解除的，房屋价格涨跌而产生的差价，可以作为损失根据合同双方各自的过错予以承担。

38. 房差损失的数额如何计算？

商品房价格涨跌而产生的差价损失的计算方法，商品房买卖合同有约定的，从其约定，没有约定的：

（1）可比照起诉时最相类似商品房的市场成交价与买卖合同成交价之差计算；

（2）没有最相类似商品房比照的，可委托专业机构评估确定房屋涨跌损失。

【说明】关于时间点的确定，存在买卖合同签订时、起诉时、案件审理终结时、委托评估时等不同时点，条文采纳起诉时的标准，使时间予以确定，也符合可预见的规则。

二十五、农村房屋买卖

核心规范

中华人民共和国合同法

第五十二条　有下列情形之一的，合同无效：

（一）一方以欺诈、胁迫的手段订立合同，损害国家利益；

（二）恶意串通，损害国家、集体或者第三人利益；

（三）以合法形式掩盖非法目的；

（四）损害社会公共利益；

（五）违反法律、行政法规的强制性规定。

中华人民共和国物权法

第一百五十二条　宅基地使用权人依法对集体所有的土地享有占有和使用的权利，有权依法利用该土地建造住宅及其附属设施。

第一百五十三条　宅基地使用权的取得、行使和转让，适用土地管理法等法律和国家有关规定。

第一百五十四条　宅基地因自然灾害等原因灭失的，宅基地使用权消灭。对失去宅基地的村民，应当重新分配宅基地。

第一百五十五条　已经登记的宅基地使用权转让或者消灭的，应当及时办理变更登记或者注销登记。

中华人民共和国土地管理法

第四十三条　任何单位和个人进行建设，需要使用土地的，必须依法申请使用国有土地；但是，兴办乡镇企业和村民建设住宅经依法批准使用本集体经济组织农民集体所有的土地的，或者乡（镇）村公共设施和公益事业建设经依法批准使用农民集体所有的土地的除外。

前款所称依法申请使用的国有土地包括国家所有的土地和国家征收的原属于农民集体所有的土地。

……

第六十二条　农村村民一户只能拥有一处宅基地，其宅基地的面积不得超过省、自治区、直辖市规定的标准。

农村村民建住宅，应当符合乡（镇）土地利用总体规划，并尽量使用原有的宅基地和村内空闲地。

农村村民住宅用地，经乡（镇）人民政府审核，由县级人民政府批准；其中，涉及占用农用地的，依照本法第四十四条的规定办理审批手续。

农村村民出卖、出租住房后，再申请宅基地的，不予批准。

第六十三条　农民集体所有的土地的使用权不得出让、转让或者出租用于非农业建设；但是，符合土地利用总体规划并依法取得建设用地的企业，因破产、兼并等情形致使土地使用权依法发生转移的除外。

裁判意见

第八次全国法院民事商事审判工作会议（民事部分）纪要(2016 年 11 月 21 日)

19. 在国家确定的宅基地制度改革试点地区，可以按照国家政策及相关指导意见处理宅基地使用权因抵押担保、转让而产生的纠纷。

在非试点地区，农民将其宅基地上的房屋出售给本集体经济组织以外的个人，该房屋买卖合同认定为无效。合同无效后，买受人请求返还购房款及其利息，以及请求赔偿翻建或者改建成本的，应当综合考虑当事人过错等因素予以确定。

20. 在涉及农村宅基地或农村集体经营性建设用地的民事纠纷案件中，当事人主张利润分配等合同权利的，应提供政府部门关于土地利用规划、建设用地计划及优先满足集体建设用地等要求的审批文件或者证明。未提供上述手续或者虽提供了上述手续，但在一审法庭辩论终结前土地性质仍未变更为国有土地的，所涉及的相关合同应按无效处理。

北京市高级人民法院关于印发农村私有房屋买卖纠纷合同效力认定及处理原则研讨会会议纪要的通知（2004年12月15日）

一、涉及农村私有房屋买卖纠纷案件的主要情况

目前此类纠纷主要有以下情况：从诉讼双方和案由来看，主要为房屋出卖人诉买受人，要求确认合同无效并收回房屋；从买卖双方身份来看，出卖人为农村村民，买受人主要是城市居民或外村村民，也有出卖给同村村民的情况；从交易发生的时间看，多发生在起诉前两年以上，有的甚至在10年以上；从合同履行来看，大多依约履行了合同义务，出卖人交付了房屋，买受人入住并给付了房款，但多未办理房屋登记变更或宅基地使用权变更登记手续；从诉讼的起因来看，多缘于土地增值以及土地征用、房屋拆迁等因素，房屋现值或拆迁补偿价格远远高于原房屋买卖价格，出卖人受利益驱动而起诉；从标的物现状来看，有的房屋已经过装修、翻建、改建等添附行为。

二、关于农村私有房屋买卖纠纷合同效力的认定

与会人员多数意见认为，农村私有房屋买卖合同应当认

定无效。主要理由是：

首先，房屋买卖必然涉及宅基地买卖，而宅基地买卖是我国法律、法规所禁止的。根据我国土地管理法的规定，宅基地属于农民集体所有，由村集体经济组织或者村民委员会经营、管理。国务院办公厅1999年颁布的《关于加强土地转让管理严禁炒卖土地的通知》规定："农民的住宅不得向城市居民出售，也不得批准城市居民占用农民集体土地建住宅，有关部门不得为违法建造和购买的住宅发放土地使用证和房产证。"国家土地管理局[1990]国土函字第97号《关于以其他形式非法转让土地的具体应用问题请示的答复》也明确规定：原宅基地使用者未经依法批准通过他人出资翻建房屋，给出资者使用，并从中牟利或获取房屋产权，是属"以其他形式非法转让土地"的违法行为之一。

其次，宅基地使用权是集体经济组织成员享有的权利，与特定的身份关系相联系，不允许转让。目前农村私房买卖中买房人名义上是买房，实际上是买地，在房地一体的格局下，处分房屋的同时也处分了宅基地，损害了集体经济组织的权益，是法律法规明确禁止的。

第三，目前，农村房屋买卖无法办理产权证书变更登记，故买卖虽完成，但买受人无法获得所有权人的保护。

第四，认定买卖合同有效不利于保护出卖人的利益，在许多案件中，出卖人相对处于弱者的地位，其要求返还私有房屋的要求更关涉到其生存权益。

与会者同时认为，此类合同的效力以认定无效为原则，以认定有效为例外，如买卖双方都是同一集体经济组织的成员，经过了宅基地审批手续的，可以认定合同有效。

三、涉及农村私有房屋买卖纠纷案件的处理原则

与会者一致认为，处理此类案件应坚持以下原则：

第一，要尊重历史，照顾现实。农村私有房屋交易是在城乡人口流动加大、居住区域界限打破和城乡一体化的大背景下产生的，相关部门监管不力、农村集体经济组织相对涣散是造成这种现状的制度诱因，而土地市场价格的持续上扬、房屋拆迁补偿等利益驱动是引起此类案件的直接原因。审理此类案件应实事求是地看待上述背景，要考虑到目前城乡界限仍未完全打破，农村集体经济组织仍有一定的封闭性，农村土地属于集体所有，目前法律、政策限制集体土地流转是一种现实；同时要认识到此类案件产生的复杂性，并妥善解决相关的利益冲突和矛盾。

第二，要注重判决的法律效果和社会效果。判决要以“有利于妥善解决现有纠纷、有利于规范当事人交易行为”为指导，起到制约农民审慎处分自己房屋的积极效果。

第三，要综合权衡买卖双方的利益。首先，要全面考虑

到合同无效对双方当事人的利益影响，尤其是出卖人因土地升值或拆迁、补偿所获利益，以及买受人因房屋现值和原买卖价格的差异造成的损失；其次，对于买受人已经翻建、扩建房屋的情况，应对其添附价值进行补偿；再次，判决返还、腾退房屋同时应注意妥善安置房屋买受人，为其留出合理的腾退时间，避免单纯判决腾退房屋给当事人带来的消极影响。

天津市高级人民法院关于审理房屋买卖合同纠纷案件若干问题的审判委员会纪要（2018 年 11 月 26 日）

三、特殊产权房屋买卖

（二）农村房屋买卖合同相关问题

在国家确定的宅基地制度改革试点地区（蓟州区），可以按照国家政策及相关指导意见处理宅基地使用权因抵押担保、转让而产生的纠纷。在非试点地区，农民将其宅基地上的房屋出售给本集体经济组织以外的个人，该房屋买卖合同应当认定为无效；但买受人在一审法庭辩论终结前取得出卖人所属的农村集体经济组织成员资格且符合其他购买条件的，可以认定合同有效。

宅基地房屋买卖合同经人民法院确认无效后，买受人请求返还购房款及利息，以及请求赔偿翻建或者改建成本的，应当综合考虑当事人过错等因素予以确定。

上海市高级人民法院关于审理房产纠纷案件若干疑难问题的讨论纪要（1993 年 10 月 27 日）

26. 农村房屋的买卖，双方自愿订立合同，且内容不违反《中华人民共和国土地管理法》等有关法律及市政府《上海市农村个人住房建设管理办法》规定，一般应认定买卖关系成立。在房屋未交付的情况下，一方反悔而又调解不成的，可允许其反悔，但责令反悔方承担违约责任，赔偿买受方购买同类房屋价款与原购房价款之间的差额。

安徽省高级人民法院关于审理房屋买卖合同纠纷案件适用法律问题的指导意见（2012 年 3 月 5 日）

13. 城镇居民、法人或其他组织购买农村集体所有土地上建设的房屋签订的房屋买卖合同，应当根据《中华人民共和国合同法》第五十二条和《中华人民共和国土地管理法》第四十三条的规定，认定为无效合同。

农村房屋买卖合同被认定为无效的，可以根据当事人的过错、所获利益、赔偿能力等情况，判令其承担相应的缔约过失责任。

14. 非同一农村集体经济组织成员之间签订的房屋买卖合同，应当认定为无效合同。但买受人在一审法庭辩论终结前取得出卖人所属的农村集体经济组织成员资格且符合其他购买条件的，可以认定合同有效。

广东省高级人民法院关于审理房屋买卖合同纠纷案件的指引（2017年9月12日）

十七、农村宅基地上房屋买卖合同纠纷，根据《第八次全国法院民事商事审判工作会议（民事部分）纪要》第19条的规定处理。向不具备本集体经济组织成员资格的人出卖宅基地上房屋，合同被认定无效，买受人主张出卖人承担因房地产价格上涨造成的房屋差价损失的，人民法院应当全面考虑出卖人因土地升值或者拆迁补偿所获利益，平衡买卖双方的利益。

海南省高级人民法院关于办理商品房买卖合同纠纷案件的指导意见(试行)(2011年审判委员会第1次会议讨论通过)

六、关于“小产权房”买卖纠纷

22. 城镇居民就农村集体土地上修建的“小产权房”与他人所签订的买卖合同无效，由此而造成的损失由双方按过错责任大小分担。

辽宁省沈阳市中级人民法院关于审理房地产案件若干问题的处理意见（之一）（2004年3月27日）

9. 农用地未经征地建设商品房后出卖行为的处理问题

农用地转为建设用地必须办理农用地征用（转用）审批手续。在未经征用的农用地上建设的房屋，属于依法应予拆除或没收之物，买卖此类商品房合同应认定为无效合同。对于这类房屋出卖人不享所有权。对违反土地利用总体规划擅自将农用地改为建设用地的，限期拆除在非法转让或非法占用的土地上新建的建筑物和其他设施，恢复土地原状；对符合土地利用总体规划的，没收在非法转让或非法占用的土地上新建的建筑物和其他设施。

山东省高级人民法院关于印发《全省民事审判工作座谈会纪要》的通知（2005年11月23日）

五、关于房地产纠纷案件的处理问题

（三）关于农村私有房屋买卖合同的效力问题。《土地管理法》第六十二条规定，农村村民一户只能拥有一处宅基地，宅基地是农民的重要财产权利，严禁宅基地进入市场进行交易。由于宅基地关系到农民的基本居住条件，所以获得农村宅基地要受农业人口身份上的限制，只有具有农村户口的人才能在本集体所有土地范围内申请宅基地。由于农村房屋的转让必然导致宅基地使用权的转移，依据当前我国的土地法律和政策，结合审判实践经验，会议认为，农村私有房屋买卖合同的效力应以认定无效为原则，以认定有效为例外。只有房屋买卖的双方均是同一集体经济组织的成员的，可以认定合同有效。

北京市高级人民法院关于印发农村私有房屋买卖纠纷合同效力认定及处理原则研讨会会议纪要的通知（2004年12月15日）

近年来，我市法院受理了一批涉及农村私有房屋买卖的合同纠纷案件，由于目前相关法律、法规不够明确，对合同效力认定认识存在差异，在一定程度上产生了此类案件在不同法院、不同业务庭、不同审判人员之间裁判标准不统一的问题。为研究、统一执法尺度，2004 年 12 月，高院民一庭与审监庭、立案庭联合召开会议，就农村私有房屋买卖合同的效力认定及案件处理原则等问题进行了专门研讨，初步形成了处理意见，纪要如下：

一、涉及农村私有房屋买卖纠纷案件的主要情况

目前此类纠纷主要有以下情况：从诉讼双方和案由来看，主要为房屋出卖人诉买受人，要求确认合同无效并收回房屋；从买卖双方身份来看，出卖人为农村村民，买受人主要是城市居民或外村村民，也有出卖给同村村民的情况；从交易发生的时间看，多发生在起诉前两年以上，有的甚至在 10 年以上；从合同履行来看，大多依约履行了合同义务，出卖人交付了房屋，买受人入住并给付了房款，但多未办理房屋登记变更或宅基地使用权变更登记手续；从诉讼的起因来看，多缘于土地增值以及土地征用、房屋拆迁等因素，房屋现值或拆迁补偿价格远远高于原房屋买卖价格，出卖人受利益驱动而起诉；从标的物现状来看，有的房屋已经过装修、翻建、改建等添附行为。

二、关于农村私有房屋买卖纠纷合同效力的认定

与会人员多数意见认为，农村私有房屋买卖合同应当认

定无效。主要理由是：

首先，房屋买卖必然涉及宅基地买卖，而宅基地买卖是我国法律、法规所禁止的。根据我国土地管理法的规定，宅基地属于农民集体所有，由村集体经济组织或者村民委员会经营、管理。国务院办公厅1999年颁布的《关于加强土地转让管理严禁炒卖土地的通知》规定："农民的住宅不得向城市居民出售，也不得批准城市居民占用农民集体土地建住宅，有关部门不得为违法建造和购买的住宅发放土地使用证和房产证。"国家土地管理局[1990]国土函字第97号《关于以其他形式非法转让土地的具体应用问题请示的答复》也明确规定：原宅基地使用者未经依法批准通过他人出资翻建房屋，给出资者使用，并从中牟利或获取房屋产权，是属"以其他形式非法转让土地"的违法行为之一。

其次，宅基地使用权是集体经济组织成员享有的权利，与特定的身份关系相联系，不允许转让。目前农村私房买卖中买房人名义上是买房，实际上是买地，在房地一体的格局下，处分房屋的同时也处分了宅基地，损害了集体经济组织的权益，是法律法规明确禁止的。

第三，目前，农村房屋买卖无法办理产权证书变更登记，故买卖虽完成，但买受人无法获得所有权人的保护。

第四，认定买卖合同有效不利于保护出卖人的利益，在许多案件中，出卖人相对处于弱者的地位，其要求返还私有房屋的要求更关涉到其生存权益。

与会者同时认为，此类合同的效力以认定无效为原则，以认定有效为例外，如买卖双方都是同一集体经济组织的成员，经过了宅基地审批手续的，可以认定合同有效。

三、涉及农村私有房屋买卖纠纷案件的处理原则

与会者一致认为，处理此类案件应坚持以下原则：

第一，要尊重历史，照顾现实。农村私有房屋交易是在城乡人口流动加大、居住区域界限打破和城乡一体化的大背景下产生的，相关部门监管不力、农村集体经济组织相对涣散是造成这种现状的制度诱因，而土地市场价格的持续上扬、房屋拆迁补偿等利益驱动是引起此类案件的直接原因。审理此类案件应实事求是地看待上述背景，要考虑到目前城乡界限仍未完全打破，农村集体经济组织仍有一定的封闭性，农村土地属于集体所有，目前法律、政策限制集体土地流转是一种现实；同时要认识到此类案件产生的复杂性，并妥善解决相关的利益冲突和矛盾。

第二，要注重判决的法律效果和社会效果。判决要以“有利于妥善解决现有纠纷、有利于规范当事人交易行为”为指导，起到制约农民审慎处分自己房屋的积极效果。

第三，要综合权衡买卖双方的利益。首先，要全面考虑

到合同无效对双方当事人的利益影响，尤其是出卖人因土地升值或拆迁、补偿所获利益，以及买受人因房屋现值和原买卖价格的差异造成的损失；其次，对于买受人已经翻建、扩建房屋的情况，应对其添附价值进行补偿；再次，判决返还、腾退房屋同时应注意妥善安置房屋买受人，为其留出合理的腾退时间，避免单纯判决腾退房屋给当事人带来的消极影响。

特此纪要。

湖南省高级人民法院关于房屋买卖、租赁纠纷案件适用法律问题的指导意见（试行）（2008年1月4日）

九、出卖人出售集体所有土地上的房屋给非本集体经济组织成员的，一般应认定合同无效。买受人请求赔偿的，应根据缔约过失责任的大小，综合考虑房屋装修、改建、拆迁、房价变动等因素确定各自应承担的民事责任。

如买卖双方都是同一集体经济组织成员，并且起诉前买受人经批准取得了买卖房屋所占用的宅基地使用权的，应当认定合同有效。

江苏省高级人民法院关于审理房地产合同纠纷案件若干问题的解答（征求意见稿）（2017年8月15日）

10. 关于农村宅基地上房屋买卖如何处理?

对于农村宅基地上房屋买卖应当区分两个层次：

（1）区分是否属于宅基地改革试点地区。中共中央办公厅和国务院办公厅于2016年联合下发了《关于农村土地征收、集体经营性建设用地入市、宅基地制度改革试点工作的意见》，对改革试点地区宅基地流转的限制性法律规定予以放宽，我省武进地区为宅基地改革流转地区，武进、仪征、泗洪为宅基地抵押的试点，对此转让合同的效力可以根据试点地区的相关意见予以处理。

（2）区分是否属于同一集体经济组织成员。买卖双方属于同一集体组织成员的，因不违反《土地管理法》中宅基地由农民集体所有的规定，对集体经济组织利益没有侵害，因此房屋买卖协议应认定为有效。买卖双方不属于同一集体组织成员的，根据《土地管理法》第62条的规定，“农村村民一户只能拥有一处宅基地，农村村民出卖、出租住房后，再申请宅基地的，不予批准。”因此，农村私有房屋买卖后，出卖人将成为失地农民，不利于保护农民的利益，同时也违反农村集体经济组织的利益，故在当前城乡界限尚未完全打破，土地制度没有变革的情况下，根据现行法律规定，应认定买卖合同无效。但在无效后的处理上，应综合权衡买卖双方的利益，尤其是出卖人因土地升值或征收补偿所获利益，以及买受人因房屋现值和原买卖价格的差异造成的损失，妥善处理房屋的返还与补偿问题。

对于房屋已经被征收或已纳入征收程序的，出卖人要求返还征收利益的，根据双方当事人的过错，适当予以支持。

对于未纳入征收程序的，当事人签订买卖时间较长，或者买受人已办理户口迁入手续等情形的，出卖人要求返还房屋的，原则上不予支持。当事人仅要求确认房屋买卖合同无效的，在裁判说理中对房屋是否返还予以表述。

【说明】有观点认为，在房屋被征收时，土地补偿归出卖人，房屋补偿归买受人。本条未作区分，而是根据过错合理分担，出卖人少分，以体现诚实信用原则。

11. 划拨土地上房屋买卖合同效力如何认定？未经有批准权的人民政府准许，转让划拨土地上房屋的，该转让行为无效，但在一审法庭辩论终结前经有批准权的人民法院准许并补交土地出让金的除外。

12. 小产权房买卖如何处理？

小产权房属于行政机关处理的范畴，人民法院对于小产权房买卖不予受理。已经受理的，驳回起诉。

【说明】有观点认为，小产权房买卖应予受理，合同认定为无效。本条认为由政府部门处理更为妥当，法院不予受理。

江苏省高级人民法院民一庭房屋买卖合同纠纷案件疑难问题法律适用研讨会综述（2004年11月）

三、农村房屋买卖合同纠纷案件疑难问题法律适用

在当前的经济生活中，农村村民出卖农村房屋的现象较

为普遍。此外，由于征地拆迁造成地价上涨，出卖房屋一段时间后，出卖人反悔的情况也比较多。在当前的审判实践中，农村村民把房屋出卖给本集体经济组织以外的其他人的，买卖合同是否有效？认定无效后如何处理？是全省各地面临的共性问题。

一种意见认为，由于农村房屋买卖涉及宅基地的转让，对于买受人不符合申请建房条件的买卖合同，应当认定合同无效，但驳回出卖方要求返还的诉讼请求。理由在于，把房屋和宅基地分开考虑。房屋作为私有财产，出卖人有权处分，买受人对房屋通过交换享有权利。但是，出卖人对宅基地仅享有使用权，不得进行处分。出卖人在出卖房屋的行为可以认定为对宅基地使用权的放弃。买受人不符合法定条件，不能取得宅基地的使用权，故买受人只对房屋的价值享有权利，但不享有对宅基地的权利。至于买受人是否属于非法用地，对其用地行为如何处理，由有关行政机关和村里去处理。

另一种意见认为，一般应当认定买卖房屋有效。理由在于，从法律规定看,《土地管理法》第六十二条仅规定，农村村民一户只能拥有一处宅基地。农村村民出卖、出租住房后，再申请宅基地的，不予批准。这一条规定的目的在于禁止村民多占宅基地，以免农村土地过多地被用于宅基地，从而保持耕地的数量不至于减少。该规定不是禁止或限制村民转让其宅基地。从政策规定看，农村村民不需要宅基地的，要把宅基地还给土地所有权人。因此，在具体的案件处理中，应当采用尊重所有权人意见的方法，到乡镇的村镇用地办公室和村里征求意见。若他们没有异议，则认定合同有效。

与会代表一致认为，农村房屋买卖案件面广量大，而且涉及对法律法规的正确适用和对保护土地政策的正确理解，还需要进一步加强研究，并加强与土地管理部门的沟通，以取得法律效果与社会效果的有机统一。

二十六、中介机构的义务

核心规范

中华人民共和国合同法

第四百二十四条　居间合同是居间人向委托人报告订立合同的机会或者提供订立合同的媒介服务，委托人支付报酬的合同。

第四百二十五条　居间人应当就有关订立合同的事项向委托人如实报告。

居间人故意隐瞒与订立合同有关的重要事实或者提供虚假情况，损害委托人利益的，不得要求支付报酬并应当承担损害赔偿责任。

第四百二十六条　居间人促成合同成立的，委托人应当按照约定支付报酬。对居间人的报酬没有约定或者约定不明确，依照本法第六十一条的规定仍不能确定的，根据居间人的劳务合理确定。因居间人提供订立合同的媒介服务而促成合同成立的，由该合同的当事人平均负担居间人的报酬。

居间人促成合同成立的，居间活动的费用，由居间人负担。

第四百二十七条　居间人未促成合同成立的，不得要求支付报酬，但可以要求委托人支付从事居间活动支出的必要费用。

裁判意见

北京市高级人民法院关于审理房屋买卖合同纠纷案件适用法律若干问题的指导意见（试行）（2010年12月22日）

第二十七条　房屋中介机构对于房屋权属状况等订约相关事项及当事人的订约能力负有积极调查并据实报告的义务。

房屋中介机构违反忠实居间义务，严重损害委托人利益的，不得要求委托人支付中介服务费用及从事居间活动的必要费用。委托人有损失的，房屋中介机构应当承担相应的损害赔偿责任。

安徽省高级人民法院关于审理房屋买卖合同纠纷案件适用法律问题的指导意见（2012年3月5日）

12．房屋中介机构违反忠实居间义务，严重损害委托人利益的，委托人拒绝支付中介服务费用或请求房屋中介机构赔偿因此造成的损失的，应予支持。

广东省高级人民法院关于审理房屋买卖合同纠纷案件的指引（2017年9月12日）

五十一、当事人签订的房地产求购协议书、看房协议书、看房确认书、委托看房书等约定居间人向委托人报告签订买卖合同的机会，并由委托人支付报酬的，可以认定为居间合同。

五十二、委托人违反居间合同的约定，利用居间人提供的信息直接与他人签订房屋买卖合同或者委托第三人签订房屋买卖合同，居间人请求委托人承担违约责任的，应予支持。

居间合同禁止委托人在一定期限内另行委托他人提供居间服务，委托人违反约定通过其他居间人提供的服务签订房屋买卖合同，居间人请求委托人承担违约责任的，应予支持。

居间合同未禁止委托人另行委托他人提供居间服务，委托人利用其他居间人提供的服务签订房屋买卖合同，居间人请求委托人承担违约责任的，不予支持。

五十三、房屋买卖合同签订后，委托人以买卖合同被确认无效、被撤销或者解除为由，拒绝向居间人支付报酬的，不予支持。居间人因此减少服务项目的，应当减少报酬；居间人对买卖合同无效、被撤销或者解除有过错的，应当减少报酬，赔偿损失。

房屋买卖合同签订后，因房地产调控政策的实施导致合同无法继续履行，居间人以已经促成合同订立为由请求支付报酬的，一般不予支持，但居间人要求委托人支付从事居间活动支出的合理费用的，应予支持。居间人违反居间义务，故意隐瞒重要信息，恶意促成合同订立，如果房屋买卖合同不能履行，居间人请求委托人支付报酬的，不予支持。委托人请求居间人赔偿所造成的损失的，应根据当事人的过错程度处理。

【指导案例1号】

上海中原物业顾问有限公司诉陶德华居间合同纠纷案

（最高人民法院审判委员会讨论通过　2011年12月20日发布）

关键词　民事　居间合同　二手房买卖　违约

裁判要点

房屋买卖居间合同中关于禁止买方利用中介公司提供的房源信息却绕开该中介公司与卖方签订房屋买卖合同的约定合法有效。但是，当卖方将同一房屋通过多个中介公司挂牌出售时，买方通过其他公众可以获知的正当途径获得相同房源信息的，买方有权选择报价低、服务好的中介公司促成房屋买卖合同成立，其行为并没有利用先前与之签约中介公司的房源信息，故不构成违约。

相关法条

《中华人民共和国合同法》第四百二十四条

基本案情

原告上海中原物业顾问有限公司（简称中原公司）诉称：被告陶德华利用中原公司提供的上海市虹口区株洲路某号房屋销售信息，故意跳过中介，私自与卖方直接签订购房合同，违反了《房地产求购确认书》的约定，属于恶意“跳单”行为，请求法院判令陶德华按约支付中原公司违约金1.65万元。

被告陶德华辩称：涉案房屋原产权人李某某委托多家中介公司出售房屋，中原公司并非独家掌握该房源信息，也非独家代理销售。陶德华并没有利用中原公司提供的信息，不存在“跳单”违约行为。

法院经审理查明：2008年下半年，原产权人李某某到多家房屋中介公司挂牌销售涉案房屋。2008年10月22日，上海某房地产经纪有限公司带陶德华看了该房屋；11月23日，上海某房地产顾问有限公司（简称某房地产顾问公司）带陶德华之妻曹某某看了该房屋；11月27日，中原公司带陶德华看了该房屋，并于同日与陶德华签订了《房地产求购确认书》。该《确认书》第2.4条约定，陶德华在验看过该房地产后六个月内，陶德华或其委托人、代理人、代表人、承办人等与陶德华有关联的人，利用中原公司提供的信息、机会等条件但未通过中原公司而与第三方达成买卖交易的，陶德华应按照与出卖方就该房地产买卖达成的实际成交价的1%，向中原公司支付违约金。当时中原公司对该房屋报价165万元，而某房地产顾问公司报价145万元，并积极与卖方协商价格。11月30日，在某房地产顾问公司居间下，陶德华与卖方签订了房屋买卖合同，成交价138万元。后买卖双方办理了过户手续，陶德华向某房地产顾问公司支付佣金1.38万元。

裁判结果

上海市虹口区人民法院于2009年6月23日作出（2009）虹民三（民）初字第912号民事判决：被告陶德华应于判决生效之日起十日内向原告中原公司支付违约金1.38万元。宣判后，陶德华提出上诉。上海市第二中级人民法院于2009年9月4日作出（2009）沪二中民二（民）终字第1508号民事判决：一、撤销上海市虹口区人民法院(2009)虹民三(民)初字第912号民事判决；二、中原公司要求陶德华支付违约金1.65万元的诉讼请求，不予支持。

裁判理由

法院生效裁判认为：中原公司与陶德华签订的《房地产求购确认书》属于居间合同性质，其中第2.4条的约定，属于房屋买卖居间合同中常有的禁止“跳单”格式条款，其本意是为防止买方利用中介公司提供的房源信息却“跳”过中介公司购买房屋，从而使中介公司无法得到应得的佣金，该约定并不存在免除一方责任、加重对方责任、排除对方主要权利的情形，应认定有效。根据该条约定，衡量买方是否“跳单”违约的关键，是看买方是否利用了该中介公司提供的房源信息、机会等条件。如果买方并未利用该中介公司提供的信息、机会等条件，而是通过其他公众可以获知的正当途径获得同一房源信息，则买方有权选择报价低、服务好的中介公司促成房屋买卖合同成立，而不构成“跳单”违约。本案中，原产权人通过多家中介公司挂牌出售同一房屋，陶德华及其家人分别通过不同的中介公司了解到同一房源信息，并通过其他中介公司促成了房屋买卖合同成立。因此，陶德华并没有利用中原公司的信息、机会，故不构成违约，对中原公司的诉讼请求不予支持。

二十七、受房地产调控政策影响的房屋买卖纠纷的处理

核心规范

中华人民共和国合同法

第九十四条　有下列情形之一的，当事人可以解除合同：

（一）因不可抗力致使不能实现合同目的；

（二）在履行期限届满之前，当事人一方明确表示或者以自己的行为表明不履行主要债务；

（三）当事人一方迟延履行主要债务，经催告后在合理期限内仍未履行；

（四）当事人一方迟延履行债务或者有其他违约行为致使不能实现合同目的；

（五）法律规定的其他情形。

……

第一百一十条　当事人一方不履行非金钱债务或者履行

非金钱债务不符合约定的，对方可以要求履行，但有下列情形之一的除外：

（一）法律上或者事实上不能履行；

（二）债务的标的不适于强制履行或者履行费用过高；

（三）债权人在合理期限内未要求履行。

……

第一百一十七条　因不可抗力不能履行合同的，根据不可抗力的影响，部分或者全部免除责任，但法律另有规定的除外。当事人迟延履行后发生不可抗力的，不能免除责任。

本法所称不可抗力，是指不能预见、不能避免并不能克服的客观情况。

最高人民法院关于审理商品房买卖合同纠纷案件适用法律若干问题的解释

第四条　出卖人通过认购、订购、预订等方式向买受人收受定金作为订立商品房买卖合同担保的，如果因当事人一方原因未能订立商品房买卖合同，应当按照法律关于定金的规定处理；因不可归责于当事人双方的事由，导致商品房买卖合同未能订立的，出卖人应当将定金返还买受人。

……

第二十三条　商品房买卖合同约定，买受人以担保贷款方式付款、因当事人一方原因未能订立商品房担保贷款合同并导致商品房买卖合同不能继续履行的，对方当事人可以请求解除合同和赔偿损失。因不可归责于当事人双方的事由未能订立商品房担保贷款合同并导致商品房买卖合同不能继续履行的，当事人可以请求解除合同，出卖人应当将收受的购房款本金及其利息或者定金返还买受人。

裁判意见

北京市高级人民法院关于妥善处理涉及“新国五条”的房屋纠纷案件若干问题的会议纪要（2013年7月9日）

为进一步加强和改善房地产市场调控，国务院办公厅于2013年2月26日下发了《关于继续做好房地产市场调控工作的通知》（以下简称“新国五条”），其后北京市人民政府办公厅于3月30日下发了《贯彻落实〈国务院办公厅关于继续做好房地产市场调控工作的通知〉精神进一步做好本市房地产市场调控工作的通知》（以下简称“京十九条”），在本市进一步细化限购、限贷政策，对二手房交易严格按转让所得的20%缴纳个人所得税，客观上对当事人在房屋交易中的权利义务产生了一定的影响。实践中，本市法院民庭受理了一批涉及“新国五条”的房屋纠纷案件。为正确适用法律、统一裁判标准，市高院民一庭召集市一、二中院及部分基层法院民庭召开了专题研讨会，经充分深入讨论，就该类案件审理中的相关法律适用问题，形成以下纪要内容：

一、（审理案件的基本原则和导向）

全市三级法院应当准确把握“新国五条”和“京十九条”规定的精神实质，正确适用规定中的限购、限贷、税收等措施，通过司法裁判保障国家房地产调控政策的有效落实，增强当事人的诚信意识和市场风险意识，依法维护健康有序的房地产交易秩序，避免让司法裁判成为当事人违反诚信、谋取不当利益的途径和手段。

二、（两个纪要的适用）

为妥善处理涉及房屋新政的民事纠纷，市高院民一庭于2010年12月、2011年12月先后下发了《关于妥当审理涉及房贷新政相关房屋买卖案件的会议纪要》、《关于妥善处理涉及住房限购政策的房屋买卖合同纠纷案件若干问题的会议纪要》，对住房限贷、限购政策的定性及纠纷的处理提出了具体的指导意见，其精神和处理原则对于涉及“新国五条”的房屋买卖合同纠纷案件依然可以参照适用。

三、（涉及住房限购纠纷的处理）

“京十九条”规定：本市户籍成年单身人士在本市未拥有住房的，限购1套住房；已拥有1套及以上住房的，暂停在本市向其出售住房。因涉及该住房限购政策的房屋买卖合同纠纷，可以参照市高院民一庭《关于妥善处理涉及住房限购政策的房屋买卖合同纠纷案件若干问题的会议纪要》相关规定内容处理。

四、（“新国五条”施行前签订买卖合同税费增加的处理）

当事人在“新国五条”施行前签订房屋买卖合同，但未在“京十九条”施行前办理网上签约，因国家政策调控导致办理房屋过户需要缴纳的个人所得税增加，当事人就合同履行及税费负担发生争议的，可以按以下情形处理：

1. 当事人一方同意支付增加税费，并要求继续履行合同的，应予支持，另一方要求解除合同的，不予支持。

2. 当事人双方就增加的税费如何负担无法达成一致，属于因不可归责于双方当事人的原因导致合同难以履行，当事人据此要求解除合同的，一般应予支持；出卖人应当将收受的购房款或定金返还给买受人；当事人一方要求赔偿损失或适用定金罚则的，不予支持。

3. 确有证据证明因国家政策调控导致税费增加的数额较小，且对当事人履约能力不构成严重影响的，合同应当继续履行，当事人一方要求解除合同的，不予支持；由此增加的税费依据合同约定予以承担，合同没有约定或约定不明的，依据国家税收法规规定由出卖人承担。

4. 当事人依合同约定的履行期限在“京十九条”施行前能够完成房屋过户或网上签约，因可归责于一方当事人的原因导致合同迟延履行，在此期间由于国家政策调控导致税费增加，守约方主张继续履行合同，并要求违约方承担增加税费的，应予支持。

五、（“新国五条”施行后签订买卖合同税费增加的处理）

当事人在“新国五条”施行后签订房屋买卖合同，合同对税费负担有约定的，从其约定，没有约定或约定不明的，依据国家相关税收法规确定税费缴纳主体，当事人一方以税费增加为由要求解除合同的，不予支持。

六、（“京十九条”施行前已受理案件的处理）

“京十九条”施行前，买受人已经向法院起诉要求继续履行合同办理房屋过户登记，经审查房屋买卖合同签订在“新国五条”施行之前，但未办理网上签约，法院应当向双方当事人释明因国家政策调控导致税费增加，并告知其可以变更、增加诉讼请求或提起反诉，当事人一方要求解除合同或要求违约方承担增加税费的，按本纪要第四条规定的内容处理。

前述案件已经进入二审程序的，法院应当组织当事人就增加税费如何负担进行调解，调解不成的，应当在原审诉讼请求范围内继续审理并作出判决。

七、（房地产中介公司的责任认定）

当事人因房地产中介公司的居间行为订立房屋买卖合

同，在履行过程中因税费增加导致买卖合同解除，房地产中介公司以已经促成合同订立为由要求支付居间报酬的，一般不予支持，但房地产中介公司可以要求委托人支付从事居间活动支出的合理费用。

因房地产中介公司未及时履行受托义务，导致房屋买卖双方因国家政策调控而受到增加支付税费等损失的，房地产中介公司应根据其过错程度承担相应的赔偿责任。

八、（规避房地产调控政策行为的处理）

最高人民法院于近日下发了《关于房地产调控政策下人民法院严格审查各类虚假诉讼的紧急通知》，全市三级法院应当认真学习，严格适用。重点加强对签订阴阳合同、房屋确权、借名买房、房屋赠与、以房抵债、离婚财产分割等容易出现虚假诉讼和规避房地产调控政策案件的审查，准确认定当事人间真实的法律关系和交易金额，释明风险、积极引导、慎用调解、依法裁判、及时层报，经审查认定构成虚假诉讼的，应当依法判决驳回当事人的诉讼请求。同时，在案件审理中发现当事人在房屋交易过程中存在违法、违规等行为的，应当及时告知住建、税务等相关部门予以处理，必要时可以有针对性地提出司法建议，积极建立沟通协调的长效机制，共同推动和促进房地产市场平稳健康发展。

北京市高级人民法院民一庭关于妥善处理涉及住房限购政策的房屋买卖合同纠纷案件若干问题的会议纪要（2011年12月13日）

为贯彻落实国务院通知精神，进一步加强和改善房地产市场调控，切实解决城镇居民住房问题，北京市人民政府办公厅于2011年2月15日下发了《关于贯彻落实国务院办公厅文件精神进一步加强本市房地产市场调控工作的通知》（以下统称“京十五条”），对居民家庭在本市购买住房的资格限制及限购套数等问题均作出了相应的规定。上述政策的出台对于有效遏制投资投机性购房，促进房地产市场平稳健康发展起到了重要的作用，同时也对房屋买卖当事人的利益产生了重大影响。实践中，本市法院民庭受理了一批涉及住房限购政策的房屋买卖合同纠纷案件。为正确适用法律、统一裁判标准，市高院民一庭召集市一、二中院及部分基层法院民庭召开了专题研讨会，经充分深入讨论，就该类案件审理中的相关法律适用问题，形成以下纪要内容：

一、（审理案件的基本原则和导向）

对房地产市场加强和完善宏观调控是党和国家为维护房地产市场健康有序发展，遏制部分城市房价过快上涨的重大决策部署。依据国家和本市的住房限购政策规定（以下统称住房限购政策），妥善处理相关房屋买卖合同纠纷案件是人民法院为大局服务、为人民司法的必然要求，要确保司法审判与国家对房地产市场宏观调控政策的导向相一致。

二、（住房限购政策与不可抗力）

国家对于房地产市场的宏观调控并非是一个令所有市场主体猝不及防的突变过程，而是经历了一个从限贷到限购逐步加强和完善的发展过程。房屋买卖合同作为一种标的额相对较大、与买卖双方切身利益密切相关的合同，当事人在签订合同时对合同订立后可能出现的房地产市场风险及各种履行障碍均应当有一定程度的预见和判断。因此，住房限购政策在司法实践中不宜认定为《合同法》第一百一十七条规定的不可抗力。

三、（住房限购政策的性质和合同解除的处理原则）

住房限购政策在性质上具有公共政策的性质，确实会对房屋买卖合同能否继续履行造成重大影响。对于合同订立后由于住房限购政策的实施致使买受人无法办理房屋过户登记的，属于因不可归责于双方当事人的原因导致合同目的无法实现，当事人要求解除合同的，除合同另有约定外，一般应予支持。出卖人应当将收受的购房款或定金返还给买受人；当事人一方要求另一方承担违约责任或适用定金罚则的，不予支持；经审查合同解除确实导致当事人间利益失衡，损失方要求对方补偿其所受合理损失的，可酌情予以支持。

房屋买卖合同依约定期限能够实际履行，因一方当事人的原因致合同处于迟延履行状态，在此期间由于住房限购政策的实施导致合同无法继续履行的，对守约方要求解除合同，并要求另一方承担赔偿损失等违约责任的诉讼请求，应予支持。

四、（对已办理网签的合同要求继续履行的处理原则）

房屋买受人要求出卖人继续履行合同，办理房屋过户登记，经审查双方签订的买卖合同已经在相应的房屋管理部门办理了网上签约的，可以判决或调解出卖人为买受人办理房屋过户登记。

诉讼中，当事人对买受人是否具备购房资格、网签是否正确等事实存在异议的，应告知其可向相应的房屋管理部门反映。当事人向相应行政部门反映的，法院可根据案件具体情况决定是否等待行政部门的处理结果。

五、（对未办理网签的合同要求继续履行的处理原则）

房屋买受人要求出卖人继续履行合同，办理房屋过户登记，经审查双方虽未办理网上签约，但买受人家庭（含夫妻双方及未成年子女）具备“京十五条”规定的购房资格（见附件一）的，可以判决或调解出卖人为买受人办理房屋过户登记；不具备资格的，法院应向当事人释明其可以变更诉讼请求，即要求解除买卖合同；经释明当事人变更请求的，按本纪要第三条的内容处理，当事人坚持要求继续履行的，判决驳回其诉讼请求。

买受人对其具备“京十五条”规定的购房资格负有举证责任。买受人应当依据北京市住房和城乡建设委员会《关于落实本市住房限购政策有关问题的通知》第三条的规定提供相应的证据材料（见附件二），并提交书面承诺保证其陈述真实。买受人无正当理由拒绝提供证据材料以致法院无法审查核实的，应当判决驳回其要求办理房屋过户登记的诉讼请求。出卖人对买受人的权利主张表示认可的，不免除买受人的举证责任。

法院应当根据买受人提交的证据主动审查买受人家庭是否具备“京十五条”规定的购房资格并做出认定，必要时应当向相应的房屋管理部门进行核实，避免当事人通过法院生效判决、调解书的方式规避上述政策规定，实现房屋过户的目的。

六、（对“京十五条”实施前签订的合同要求继续履行的处理原则）

本纪要第五条涉及案件中，买受人家庭不具备“京十五条”规定的购房资格，但买卖双方在该规定实施（2011 年 2 月 17 日）之前已经订立房屋买卖合同，且已经支付购房款并实际占有使用房屋，解除合同会导致当事人间利益明显失衡的，对买受人要求继续履行合同并办理房屋过户登记的诉讼请求，可予支持；不符合前述条件的，按本纪要第五条第一项的内容处理。

法院对当事人提交的证明上述事实的证据应当严格审查，全面审核，判决支持买受人要求办理房屋过户登记诉讼请求的，应当在判前向受理法院的主管院庭长汇报，必要时可向二审法院汇报；原则上不宜以出具正式调解书的方式确认由出卖人为买受人办理房屋过户登记手续。

买受人在相应的住房限购政策实施前已经提起诉讼要求办理房屋过户登记，尚未审结的，不受该政策规定的住房限购条件的限制。

七、（合同存在欺诈的处理原则）

住房限购政策实施后，因一方当事人故意隐瞒或虚构相关事实，导致订立的合同违反住房限购政策而无法继续履行，另一方当事人请求解除或撤销合同，并要求对方当事人赔偿其因此所受损失的，应予支持。

八、（明知合同违反住房限购政策的处理原则）

当事人双方在订立合同时明知或应当知道该合同不符合当时的住房限购政策，一方当事人要求继续履行的，不予支持，但一审法庭辩论前买受人家庭具备“京十五条”规定的购房资格的除外；合同约定待买受人符合住房限购政策后再办理房屋过户登记的，依照其约定。

九、（规避住房限购政策的借名买房合同的处理原则）

因住房限购政策的限制，当事人约定一方以他人名义购买房屋，并将房屋登记在他人名下，借名人以其系实际买受人为由，要求确认房屋归其所有或办理房屋过户登记的，不予支持；借名人因自身条件变化或政策发生调整等原因符合住房限购政策的，可以判决登记人为其办理房屋过户登记手续。

十、（适用范围）

本纪要所称的“房屋买卖”，包括商品房买卖和二手房买卖。当事人依据房屋赠与合同或以房抵债合同要求办理房屋过户登记的，可以参考适用本纪要相关内容。

国家和本市就住房限购政策有新规定的，适用其新规定。

当事人因房屋买卖合同的效力及履行发生的其他争议，依据合同法的相关规定处理。

北京市高级人民法院关于涉及住房限购政策的房屋买卖合同纠纷案件处理的暂行意见（2011 年 11 月 3 日）

为配合国务院和北京市政府房地产市场调控政策特别是住房限购政策的实施，就涉及住房限购政策的房屋买卖合同纠纷案件的处理原则，提出以下意见：

一、依法受理涉及住房限购政策的房屋买卖合同纠纷，保障当事人诉讼权利。

二、审理涉及住房限购政策的房屋买卖合同纠纷案件时，应遵循维护国家住房限购政策、保护当事人合法权利的原则。

三、当事人签订的房屋买卖合同涉及北京市住房限购政策时，法院在审理过程中，原则上以网签合同日期作为判断合同是否成立的重要依据之一。

四、房屋买受人无法办理房屋所有权转移登记系因住房限购政策实施所致的，当事人有权请求解除合同。

五、对于因住房限购政策实施导致当事人解除合同后，出卖人应当将收受的购房款或定金返还给买受人，买受人应将接受的房屋返还给出卖人。因解除合同造成的损失按照公平原则处理。

六、在对涉及住房限购政策的房屋买卖合同纠纷进行调解的过程中，在自愿合法调解的基础上，应对房屋买受人是否符合住房限购政策规定进行审查，防止利用调解协议规避住房限购政策的现象。

意见中所称住房限购政策为:《国务院办公厅关于进一步做好房地产市场调控工作有关问题的通知（国办发 [2011]1号）》,《北京市人民政府办公厅关于贯彻落实国务院办公厅文件精神进一步加强本市房地产市场调控工作的通知（京政

办发 [2011]8 号)》,《北京市住房和城乡建设委员会关于落实本市住房限购政策有关问题的通知(京建发 [2011]65 号)》。

天津市高级人民法院关于审理房屋买卖合同纠纷案件若干问题的审判委员会纪要(2018 年 11 月 26 日)

二、二手房买卖相关问题

(六)关于受房地产调控政策影响案件的处理问题

因受限贷、限购、禁购等房地产调控政策的直接影响,导致合同确实无法继续履行的,一般应认定合同不能履行属于不可归责于双方当事人的情形,当事人据此请求人民法院解除合同的,人民法院应予准许。

因前述原因,当事人解除合同以后,出卖人应当将已经收到的购房款或定金返还给买受人,买受人应将接收的房屋返还给出卖人。因解除合同造成的损失一般情况下应按照公平原则由双方合理分担。如因一方当事人过错导致当事人利益严重失衡,损失方要求加大对方承担比例的,可酌情予以支持。

山东省高级人民法院关于印发全省民事审判工作会议纪要的通知(2011 年 12 月 2 日)

二、关于房地产纠纷案件

(四)关于因信贷政策变化导致商品房买卖合同不能履行的处理问题

国家为遏制房地产价格的过快上涨,先后采取一系列宏观调控政策，其中以提高商品房款首付比例和贷款利率为主要内容的信贷政策的变化对商品房买卖合同的履行影响比较大。对于买受人以按揭贷款方式支付购房款的商品房买卖合同履行中，如买受人有证据举证证明确因信贷政策的变化而不能办理合同约定的按揭贷款，且双方对付款方式无法协商变更，而请求解除商品房买卖合同的，可予以支持。但合同有明确约定的除外。

（五）关于因限购政策导致商品房买卖不能发生物权效力的处理问题

为控制房地产价格的过快上涨，许多地方人民政府根据2010年4月17日国务院颁布的《关于坚决遏制部分城市房价过快上涨的通知》（国发〔2010〕10号）的规定，出台了相应的限购政策，对购房人购买房屋的套数进行限制，因此，在审理商品房买卖合同纠纷案件中应当注意对限购政策的适用。商品房买卖合同签订后，对于房屋买受人有证据证明确因限购政策的实施无法办理房屋所有权变更登记的，而请求与出卖人解除合同的，可予以支持，但合同有明确约定的除外。

地方人民政府没有出台相应限购政策的，房屋买受人不得以限购政策的实施为由请求解除合同。

广东省高级人民法院关于审理房屋买卖合同纠纷案件的指引（2017年9月12日）

二十九、房地产调控政策实施后，一方当事人故意隐瞒或者虚构事实，或者明知另一方当事人的条件不符合政策要求仍诱导其签订房屋买卖合同的，另一方当事人因合同无法履行请求解除或者撤销合同，并要求对方当事人赔偿损失的，可予支持。

房屋买卖合同签订后，因房地产调控政策的实施，导致无法办理房屋所有权转移登记或者不能订立房屋担保贷款合同的，属于因不可归责于当事人双方的事由导致合同不能履行，人民法院可以参照《最高人民法院关于审理商品房买卖合同纠纷案件适用法律若干问题的解释》第二十三条的规定处理。一方请求另一方承担违约责任或者适用定金罚则的，不予支持。买受人请求判令出卖人办理所有权转移登记的，人民法院可以向其释明变更诉讼请求为解除合同、返还财产。

买卖合同约定即使买受人无法获得银行贷款也应当支付房款的，不因房贷政策调整而免除买受人未履行付款义务的违约责任。

因一方当事人迟延履行，致使房屋买卖合同受房地产调控政策影响无法继续履行，守约方请求解除合同并赔偿损失的，应予支持。

江苏省高级人民法院关于审理房地产合同纠纷案件若干问题的解答（征求意见稿）（2017 年 8 月 15 日）

2. 因限购政策引发的纠纷如何处理？

房屋买卖合同签订后，由于相应住房限购政策的实施，当事人无法办理房屋所有权变更登记，买受人请求解除合同，并要求出卖人返还所收受的购房款或定金，如果经审查，当事人的确因住房限购政策的实施而不能办理房屋所有权变更登记，对其请求可予支持。出卖人请求买受人承担其为订立合同而实际发生的费用等合理损失的，可酌情予以支持。

地方政府允许住房限购政策实施前订立的房屋买卖合同办理房屋所有权变更登记的，当事人以限购政策为由主张解除合同，对方当事人不同意的，人民法院对其请求不予支持。

3. 因房屋限贷政策引发的纠纷如何处理？

调控政策实施前订立的合同未明确约定以按揭贷款方式付款，现买受人以其因受限贷政策影响而无法继续履行为由，请求解除合同的，一般不予支持。

调控政策实施前订立的合同约定以按揭贷款方式付款，现买受人举证证明其确因不能办理按揭贷款等导致无法继续履行，而请求解除合同，并要求出卖人返还所收受的购房款或定金的，可予支持。出卖人请求买受人承担其为订立合同而实际发生的费用等合理损失的，可酌情予以支持。买受人以贷款比例降低为由要求解除合同的，一般不予支持。如果因限贷政策实施导致买受人允许贷款比例低于合同约定按揭贷款比例净差值大于30%的，人民法院可予支持，但买受人因迟延履行、个人信用问题等导致合同无法继续履行或者合同另有约定的除外。

调控政策实施前订立的合同在限贷政策实施后，买受人既未按约履行也未提出解约，经出卖人催告后仍未在合理期限内履行或提出解约，出卖人请求继续履行或解除合同，并由买受人承担违约责任的，应予支持。

4. 当事人规避房地产调控政策的如何处理?

调控政策实施后，因一方当事人隐瞒或虚构事实情况，导致订立的合同违反调控政策而无法继续履行，另一方当事人请求依法撤销合同，并要求对方当事人承担其因此所受损失的，可予支持。双方当事人明知或者应当知道订立的合同违反调控政策，一方当事人请求继续履行的，人民法院不予支持。

实际买受人为规避房地产调控政策，以他人名义与出卖人订立合同并办理房屋权属证书后，以其系实际买受人为由，请求确认其为房屋产权人的，人民法院不予支持。

5. 因房地产调控政策引发的房屋居间合同纠纷如何处理?

经居间人的居间行为订立的房屋买卖合同，因房屋限购政策导致无法办理房屋所有权转移登记的，或房屋买卖合同中约定以按揭贷款方式付款，买受人因房屋限贷政策无法办理按揭贷款，导致合同无法继续履行的，居间人以已经促成合同订立为由请求房屋买卖合同当事人支付居间报酬的，一般不予支持，但居间人要求房屋买卖合同当事人支付从事居间活动支出的合理费用的，应予支持。

居间人故意隐瞒真实情况、违规操作，恶意促成买卖双方订立合同，如果房屋买卖合同不能履行，严重损害委托人利益的，对居间人请求委托人支付报酬的，不予支持；委托人请求居间人赔偿所造成的损失的，应根据当事人的过错程度处理。

浙江省高级人民法院民一庭关于审理受房地产市场调控政策影响的房屋买卖合同纠纷案件的若干意见（试行）（2011年4月22日）

为依法妥善审理受房地产市场调控政策（以下简称调控政策）影响的房屋买卖合同纠纷案件，依据《中华人民共和国合同法》、最高人民法院《关于审理商品房买卖合同纠纷案件适用法律若干问题的解释》（以下简称《解释》）等法律、行政法规、司法解释及相关政策规定，制定本意见。

一、审理受调控政策影响的房屋买卖合同纠纷案件，应坚持合同自由、诚实信用、依合同履行义务和公平原则。认定相关房屋买卖合同效力时，应严格依照法律、行政法规和司法解释的规定；只有明确存在法定无效情形的，才可以认定合同无效。

二、纯粹因受限贷、限购、禁购等调控政策的直接影响，合同确实无法继续履行的，不属于“不可抗力”，一般应认定属于《解释》第四条、第二十三条规定的“不可归责于当事人双方的事由”。当事人据此请求解除合同的，可予以支持，但当事人另有约定的除外。

三、调控政策实施前订立的合同并未明确约定以按揭贷款方式付款，现买受人以其因受限贷政策影响而无法继续履行为由，请求解除合同的，一般不予支持。

四、调控政策实施前订立的合同约定以按揭贷款方式付款，现买受人举证证明其确因首付款比例提高、不能办理按揭贷款等导致无法继续履行，而请求解除合同的，可予以支持；出卖人应当将收受的购房款或者定金返还买受人。出卖人请求买受人承担其为订立合同而实际发生的费用等合理损失的，可酌情予以支持。

五、调控政策实施前订立的合同在限贷政策实施后，买受人既未按约履行也未提出解约，经出卖人催告后仍未在合理期限内履行或提出解约，出卖人请求继续履行合同或解除合同，并由买受人承担违约责任的，应予以支持。

六、调控政策实施前订立的合同确因限购、禁购政策而导致无法继续履行的，当事人均可以请求解除合同，出卖人应当将收受的购房款或者定金返还买受人。出卖人起诉或反诉请求买受人继续履行合同、承担违约责任或适用定金罚则的，不予支持；但出卖人请求买受人承担其为订立合同而实际发生的费用等合理损失的，可酌情予以支持。

七、调控政策实施后，因一方当事人隐瞒或虚构事实情况，导致订立的合同违背调控政策而无法继续履行，另一方当事人请求依法变更或撤销合同，并要求对方当事人承担其因此所受损失的，可予以支持。双方当事人均知道或应当知道订立的合同违反调控政策的强制性规定，一方当事人请求确认合同有效、继续履行的，不予支持。

八、实际买受人为规避限购、禁购政策，以他人名义与出卖人订立合同并办理房屋权属证书后，以其系实际买受人为由，请求确认其为房屋产权人的，不予支持，但调控政策重新调整并准许其取得产权的除外。

九、房屋买卖合同因受调控政策影响而解除，房地产经纪机构请求房屋买卖合同当事人支付其已实际支出的必要费用以及合理报酬的，应酌情予以支持；但对未予明码标价、虚假误导、混合标价、捆绑标价、炒卖房号、赚取差价，以及其它违反住房和城乡建设部、国家发展和改革委员会、人力资源和社会保障部发布的《房地产经纪管理办法》等规定的收费，不予支持。

房屋买卖合同当事人请求房地产经纪机构退还当事人委托其保管的购房款、定金和房屋产权证书等资料的，应予以支持。

十、根据个案特殊情况，确需依照《最高人民法院关于适用〈中华人民共和国合同法〉若干问题的解释（二）》的规定，适用情势变更原则处理的，应严格按照《最高人民法院关于正确适用〈中华人民共和国合同法〉若干问题的解释（二）服务党和国家的工作大局的通知》（法[2009]165号）第二条的规定，逐级层报我院审核。

十一、审理受调控政策影响的房屋买卖合同纠纷案件，应坚持"调解优先，调判结合"的工作原则，依法合理平衡各方当事人的合法权益，着力做好调解工作，妥善化解矛盾纠纷。

十二、本意见所称"房屋买卖"，包括商品房买卖和二手房买卖；本意见所称"合同"，包括预约合同和本约合同。

十三、本意见自2011年4月21日起执行。

本意见施行后尚未审结的一、二审案件和新受理的一审案件，适用本意见。已经作出生效裁判的案件依法再审的，不适用本意见。

法律、行政法规、司法解释有新规定的，从其规定。

安徽省高级人民法院关于在审理房地产案件中认真贯彻“新国五条”精神的通知（2013年5月9日）

一、充分认识“新国五条”对审判工作的重要指导意义，注意将新政精神融入到案件审判当中，确保国家政策能够通过法院裁决得以实现。裁决结果既能平衡当事人之间利益关系、稳定社会经济秩序，又能较好地实现法律效果、政治效果和社会效果的有机统一。

二、注意区分不同调控手段对不同购房者的影响，把握好严格规范与鼓励交易的关系，市场风险与诚信守约的关系，充分发挥合同效力多层次特点，依法运用合同履行、违约制度、解除制度、无效制度、缔约过失制度等规定，通过多元化的处理方式，引导当事人树立正确的市场风险意识，维护稳定的市场交易秩序。

三、对因新政实施导致的合同签订和履行环节的纠纷，要依据《合同法》的立法精神，维护交易的稳定。对确因贷款政策调整，购房者无力支付超出合同约定的首付款、无法获取按揭贷款或因购房资格限制无法办理房产登记等情形，应认定为《合同法》规定的“不可归责于当事人的事由”，允许购房人解除合同，并由出卖人返还其购房款本金及利息。但购房人主张新政导致利率变动较大增加其负担并要求解除合同的，一般不予支持。

四、对新政实施后出现房屋租赁价格波动，出租人借故要求上涨租金或提前解除租赁合同的，应依据诚实信用原则，判决驳回其诉讼请求，以维护房屋租赁市场的稳定，保护守信一方的合法利益。

五、对“离婚潮”中未分得财产一方当事人诉至法院要求撤销离婚协议或主张财产重新分割的，对其撤销离婚协议的诉求不予支持；对请求变更或者撤销财产分割协议的，应予受理。

六、对借用他人姓名购房的，要在查明实际购房人的基础上，准确认定真实的交易关系。对于实际购房人请求判令名义购房人协助其办理房屋变更登记手续的，驳回其诉讼请求。对给实际购房人造成损失的，可根据双方过错大小予以分担。

七、对买卖双方为逃税签订“阴阳合同”引发的纠纷，要审查买卖双方的真实意思表示，结合房产部门公布的指导价进行综合判断。对严重背离指导价的合同，应认定为“阴阳合同”，向税务部门发司法建议，征缴其偷逃的国家税款并给予的相应行政处罚。对以偷逃税款为目的签订“以房抵债”协议的，人民法院应判决驳回其要求继续履行合同的诉讼请求。

八、对在审理案件中发现中介机构存在违法违规行为的，向行业主管部门发出司法建议，加大司法、行政部门的协作力度，以规范中介机构的服务行为。中介机构因唆使、协助购房者伪造、编造相关购房资料，给售房者造成损失的，与购房者承担共同赔偿责任。

九、对审理案件中发现的新情况、新问题要积极研判，及时与房地产主管部门、银行业等进行沟通，有效采取司法应对，提高解决疑难复杂问题的能力，为房地产业的健康发展提供可靠司法保证。

十、房地产关乎人民群众切身利益，对矛盾有可能激化的敏感性和群体性案件，要加大诉讼调解工作，通过多种途径化解矛盾纠纷，力争从源头上杜绝信访隐患。

海南省高级人民法院关于办理商品房买卖合同纠纷案件的指导意见（试行）（2011 年审判委员会第 1 次会议讨论通过）

四、关于涉“限购令”商品房买卖纠纷

14. 政府或政府主管部门发布“限购令”的，拟购房人可购房套数以相关“限购令”为限。开发商因“限购令”不能履行合同义务，拟购房人要求承担违约责任的，不予支持。

二十八、诉讼程序问题

核心规范

最高人民法院关于审理商品房买卖合同纠纷案件适用法律若干问题的解释

第二十五条　以担保贷款为付款方式的商品房买卖合同的当事人一方请求确认商品房买卖合同无效或者撤销、解除合同的，如果担保权人作为有独立请求权第三人提出诉讼请求，应当与商品房担保贷款合同纠纷合并审理；未提出诉讼请求的，仅处理商品房买卖合同纠纷。担保权人就商品房担保贷款合同纠纷另行起诉的，可以与商品房买卖合同纠纷合并审理。

商品房买卖合同被确认无效或者被撤销、解除后，商品房担保贷款合同也被解除的、出卖人应当将收受的购房贷款和购房款的本金及利息分别返还担保权人和买受人。

第二十六条　买受人未按照商品房担保贷款合同的约定偿还贷款，亦未与担保权人办理商品房抵押登记手续，担保权人起诉买受人，请求处分商品房买卖合同项下买受人合同权利的，应当通知出卖人参加诉讼；担保权人同时起诉出卖人时，如果出卖人为商品房担保贷款合同提供保证的，应当列为共同被告。

第二十七条　买受人未按照商品房担保贷款合同的约定偿还贷款，但是已经取得房屋权属证书并与担保权人办理了商品房抵押登记手续，抵押权人请求买受人偿还贷款或者就抵押的房屋优先受偿的，不应当追加出卖人为当事人，但出卖人提供保证的除外。

裁判意见

第八次全国法院民事商事审判工作会议（民事部分）纪要(2016 年 11 月 21 日)

21. 对于未取得建设工程规划许可证或者未按照建设工程规划许可证规定内容建设的违法建筑的认定和处理，属于国家有关行政机关的职权范围，应避免通过民事审判变相为违法建筑确权。当事人请求确认违法建筑权利归属及内容的，人民法院不予受理；已经受理的，裁定驳回起诉。

北京市高级人民法院关于审理房屋买卖合同纠纷案件适用法律若干问题的指导意见（试行）(2010 年 12 月 22 日)

第二十八条　在房屋买卖等非权属纠纷民事案件中，当事人一方对另一方作为权属证据提供的房屋登记簿和权属证书提出异议，法院原则上仅对房屋登记簿和权属证书形式上的真实性进行审查，经查证属实的，即可作为民事诉讼的证据使用。

第二十九条　因房屋买卖合同纠纷提起的诉讼，原则上按照《民事诉讼法》第二十四条关于合同纠纷管辖的规定确定管辖权。

北京市高级人民法院立案庭关于商品房买卖合同的买受人因出卖人未依约履行办理房屋所有权证义务而起诉时如何确定合同履行地的通知（2019 年 2 月 16 日）

商品房买卖合同中买受人因出卖人未依约履行办理房屋所有权证义务而起诉出卖人请求办理房屋所有权证、给付因逾期办理房屋所有权证而应负担的违约金或解除合同并返还购房款等案件时，应以不动产所在地确定合同履行地，理由如下：

依据北京市高级人民法院《关于民事诉讼管辖若干问题的规定》第二条规定："《民事诉讼法解释》第十八条第二款中的'争议标的'指诉讼请求所指向的合同义务内容，争议标的履行地指诉讼请求所指向的合同义务内容的履行地。"商品房买卖合同中，买受人无论诉请出卖人协助办理房屋所有权证，还是因逾期办理房屋所有权证而诉请给付违约金或解除合同并返还购房款，其诉讼请求指向的合同义务内容均为“办理房屋所有权证”。

依据《合同法》第一百三十五条、《最高人民法院关于审理商品房买卖合同纠纷案件适用法律若干问题的解释》第一条之规定，出卖人负有向买受人转移房屋占有和办理不动产登记并协助买受人办理房屋权属证书的义务，因此，请求履行“办理房屋所有权证”的义务实质上系请求出卖人全面履行房屋交付义务，故买受人因出卖人未依约履行办理房屋所有权证义务而提起的诉讼，其争议标的为交付不动产。依据《最高人民法院关于适用〈中华人民共和国民事诉讼法〉的解释》第十八条第二款规定：“交付不动产的，不动产所在地为合同履行地；”故案件中的不动产所在地为合同履行地。

上海市高级人民法院关于审理房产纠纷案件若干疑难问题的讨论纪要（1993 年 10 月 27 日）

一、关于房屋案件的起诉与受理

1. 凡以房产为标的的买卖、租赁、典当、建筑承包（包括勘察、设计、建筑等）、合建、代理、居间、使用、转让、确权等民事行为发生的纠纷，均由民庭受理。

2. 因单位内部分配公房使用权而产生的纠纷，如果是本单位职工对单位分房决定有意见而起诉的不予受理；如果是受配人（或其它原旧房内应一并迁出的同住亲属占住旧房）

分得新房又无理占住旧房或非受配人以单位分配不合理为由而强占公房，被侵害人（包括单位和合法受配人）向法院起诉的，法院应予受理。

3. 单位分配给职工住房使用权后，职工由于本人原因而离职、辞职，或被单位除名、开除的，单位以分房时与该职工订有使用系争公房合同为由而起诉要求收回公房使用权的，法院应受理。

4. 单位之间因行政调拨等原因引起的房屋纠纷向法院起诉，法院不予受理，应告知原告向有关主管部门申请解决。因历史原因由行政划拨房屋使用权的，现房屋产权人要求收回房屋自用或要求明确租金而起诉的，法院应作为民事案件受理。

5. 因违章建筑引起的房产纠纷，因违章建筑的认定、拆除引起的纠纷，应由行政机关处理。但当事人以违章建筑为标的发生的买卖、租赁、抵押等民事纠纷以及违章建筑妨碍他人通风、采光等引起的相邻纠纷可作为民事案件受理。

6. 因为有关部门审批建筑执照不当，影响他人通风、采光引起的纠纷，一般应告知原告向有关部门申请解决，也可向法院提起行政诉讼。

7. 有关私房落政的案件，如私房社会主义改造中的问题，建国初期由有关部门代管的房产问题，落实华侨，落实港、澳、台同胞私房政策的问题等，应告知原告向当地落实私房政策部门或有关主管部门申请解决。

杭州市中级人民法院民一庭关于审理建设工程及房屋相关纠纷案件若干实务问题的解答（2010年11月1日）

第二部分　房屋买卖

一、在房屋买卖过程中，若涉及房屋原有抵押贷款尚未清偿完毕的，是否需要通知该贷款银行参加诉讼？

答：因该房屋原有按揭贷款未偿还完毕，抵押权尚未消灭，则转让抵押物的应征得抵押权人同意。同时，因为房屋的抵押登记尚未注销，在今后办理过户登记时需要涉及抵押权人他项权证的变更事宜。因此，在案件审理过程中应当通知贷款银行作为第三人参加诉讼。

二、对经由房屋中介方居间达成的房屋买卖意向书的性质应如何界定？中介方是否属于必须参加诉讼的当事人？

答：此类房屋买卖意向书内容较为丰富，既具有中介方与买卖双方间的居间协议，同时也具有中介方作为买卖双方的代理人委托代理协议性质，同时还具有买卖双方为达成正式买卖合同而签订的预约性质。

如果是因未能签订正式房屋买卖合同所产生的此类意向书纠纷，因其争议标的还是围绕房屋买卖中的权利义务约定，所以该纠纷案由应定为房屋买卖合同纠纷，此时因为中介方是作为买卖双方的居间人，视案情需要，可将中介方列为第三人参与诉讼。

如果是因中介方与买或卖一方因中介居间行为产生争议，则应定性为居间合同纠纷，中介方应作为必须参加诉讼的当事人参与诉讼。

广东省高级人民法院关于审理商品房买卖合同纠纷案件若干问题的指导意见（2003年10月24日）

6. 因买受人要求出卖人支付逾期交楼违约金或出卖人要求买受人支付逾期付款违约金而发生的纠纷，一般不应通知担保权人作为当事人参加诉讼。但买受人以逾期付款是因为担保权人的违约行为造成为由，申请人民法院追加担保权人作为第三人参加诉讼的，人民法院应予支持。

7. 出卖人或买受人请求确认商品房买卖合同无效或撤销、解除商品房买卖合同的，人民法院应当在开庭前告知担保权人可以作为有独立请求权的第三人参加诉讼。若担保权人就借款合同和抵押、保证合同另行起诉的，人民法院一般应将该案与商品房买卖合同纠纷合并审理。商品房买卖合同被确认无效或者被撤销、解除后，借款合同也被解除的，人民法院可判决出卖人将买受人所欠担保权人借款本息直接支付给担保权人，其余款项支付给买受人。

若担保权人不参加诉讼的，法院仅审理商品房买卖合同纠纷。商品房买卖合同被确认无效或者被撤销、解除的，出卖人应将收受的购房款(包括买受人已实际支付的款项和向担保权人所借款项)本息返还买受人，违约责任按双方约定和有关法律规定处理。出卖人与买受人达成解除商品房买卖合同并由出卖人代替买受人清偿其所欠担保权人全部债务，其余款项则返还给买受人的和解协议的，人民法院应予支持。

北京市高级人民法院关于行政审判适用法律问题的解答(二)(2007年4月11日)

7. 法院在审理涉及农村房屋买卖的有关土地行政案件时，如果存在原告起诉时已经不是本村村民，或者在本村另有宅基地的，应当如何处理?

答：如果涉及的农村房屋买卖合法有效，且存在原告起诉时已经不是本村村民，或者已经转为居民，或者在本村另有宅基地等情况，可认定其与具体行政行为无法律上的利害关系，裁定驳回起诉。

8. 法院在审理涉及农村房屋买卖的有关土地行政案件时，应当如何审查起诉期限?

答：应当依据卖房当时有效的法律、法规和最高人民法院的司法解释中有关起诉期限的规定进行审查。

山东省高级人民法院关于印发《全省民事审判工作座谈会纪要》的通知（2005年11月23日）

五、关于房地产纠纷案件的处理问题

（六）关于房改房屋纠纷的处理问题。从国家关于住房制度改革的政策规定来看，房改房在法律属性上实质就是将原来出租给职工的住房改为出卖给职工个人，即由原来的租赁法律关系转为买卖法律关系，是一种特殊的房屋买卖合同。其与一般房屋买卖合同有所不同的是，房改房的合同除当事人自行约定的内容外，还要受到房改政策的制约，不完全等同于以市场价格支付对价。由于房改的买卖合同涉及到我国现行的房改政策，所以因房改引发的纠纷，法院是否应当作为民事案件受理，一直是审判实践中有争论的问题。会议认为，涉及房改政策的房屋买卖合同纠纷的，人民法院是否应当受理，应当结合当事人提出的诉讼请求作出判断。如果当事人争议的事项是房屋买卖，属于平等民事主体之间的权益纠纷（如追索购房定金、购房款、办理过户手续及产权证书等），人民法院应当受理；如果当事人争议的事项为是否适用房改政策以及如何适用房改政策的（如职工是否应当参加房改、如何计算优惠条件等），不属于民事权益纠纷，人民法院不宜作为民事案件受理。

上海市高级人民法院关于印发《关于民事案件审理的几点具体意见》的通知（2000 年 8 月 15 日）

23. 由银行提供抵押贷款的房屋预售、现售合同纠纷，程序上应如何把握?

商业银行开办“个人贷款”是金融机构配合国家启动房地产消费市场政策的一项措施。开展此项业务，银行会面临一些法律问题，例如贷款人与商品房开发商之间的房屋预售、现售合同被人民法院认定为无效时，银行如何收回贷款? 银行能否参加到购房双方的诉讼中去? 以什么身份参加? 审判实施中，一些法院在程序上将银行列为第三人，参与房屋买卖合同诉讼，在实体上则直接判决开发商返还银行售房款。

对此，我们认为，开发商与购房人之间是房屋买卖关系，银行与贷款人之间是借贷关系，两者法律关系不同、诉讼标的不同、当事人不同、管辖原则也不同，所以不是民诉法所称“必要的共同诉讼”或“普通的共同诉讼”。那么银行是否能以“与本案的处理有关”而作为第三人参加诉讼呢? 我们认为，由于银行既不是以正在进行买卖合同诉讼的双方当事人为共同被告，对其争议的诉讼标的提出独立的诉讼请求的有独立请求权的第三人，也不是依附于购房人或开发商的无独立请求权的第三人，因此不符合案件合并审理的条件，不能合并审理。人民法院应当分案审理房屋买卖合同纠纷和借贷纠纷。分案审理房屋买卖合同时，为避免银行利益受损，我们可以在判决主文中明确："购房人应当于判决生效之日起 ××× 中日内注销系争房屋上设定的抵押权，并将房屋返还出售人"。

湖南省高级人民法院关于房屋买卖、租赁纠纷案件适用法律问题的指导意见（试行）（2008 年 1 月 4 日）

五、在审理以担保贷款为付款方式的商品房买卖合同纠纷案件时，出卖人或买受人请求确认商品房买卖合同无效或撤销、解除商品房买卖合同的，人民法院应当告知贷款银行参加诉讼。

图书在版编目（CIP）数据

各地法院裁判指导意见精粹．房屋买卖纠纷／李超编．—北京：中国法制出版社，2019.12

（裁判规范适用指引丛书）

ISBN 978－7－5216－0407－8

Ⅰ．①各… Ⅱ．①李… Ⅲ．①房地产—买卖合同－经济纠纷－审判－法律文书－汇编－中国 Ⅳ．①D926.13

中国版本图书馆 CIP 数据核字（2019）第 277791 号

策划编辑：陈兴（cx_ legal@163.com）

责任编辑：陈兴　孙静　　封面设计：蒋怡

各地法院裁判指导意见精粹．房屋买卖纠纷

GEDI FAYUAN CAIPAN ZHIDAO YIJIAN JINGCUI. FANGWU MAIMAI JIUFEN

编者/李超

经销/新华书店

印刷/三河市紫恒印装有限公司

开本/880 毫米×1230 毫米　32 开　　印张/11.5　字数/201 千

版次/2019 年 12 月第 1 版　　2019 年 12 月第 1 次印刷

中国法制出版社出版

书号 ISBN 978－7－5216－0407－8　　定价：59.00 元

北京西单横二条 2 号

邮政编码 100031　　传真：010－66031119

网址：http：//www.zgfzs.com　　**编辑部电话：010－66070046**

市场营销部电话：010－66033393　　**邮购部电话：010－66033288**

（如有印装质量问题，请与本社印务部联系调换。电话：010－66032926）